GENIO TIPO

TONY ESTRUCH

GENIOTIPO

Descubra o talento que há em você

PREFÁCIO DE
**FRANCESC MIRALLES,
COAUTOR DO BEST-SELLER
*IKIGAI***

TRADUÇÃO DE
EDMUNDO BARREIROS

AGIR

Título original: *Geniotipo: Descubre al genio que hay en ti*

Copyright © 2022 by Antoni Estruch Sánchez
https://tonyestruch.com/
Copyright © 2022 do prefácio by Francesc Miralles
Copyright © 2022 by Editorial Planeta, S.A.
Copyright © das ilustrações do miolo by Toni Cusó

Direitos de tradução acordados por Sandra Bruna Agencia Literaria, SL.
Todos os direitos reservados.

Direitos de edição da obra em língua portuguesa no Brasil adquiridos pela AGIR, selo da EDITORA NOVA FRONTEIRA PARTICIPAÇÕES S.A. Todos os direitos reservados. Nenhuma parte desta obra pode ser apropriada e estocada em sistema de banco de dados ou processo similar, em qualquer forma ou meio, seja eletrônico, de fotocópia, gravação etc., sem a permissão do detentor do copirraite.

EDITORA NOVA FRONTEIRA PARTICIPAÇÕES S.A.
Av. Rio Branco, 115 – Salas 1201 a 1205 – Centro – 20040-004
Rio de Janeiro – RJ – Brasil
Tel.: (21) 3882-8200

Dados Internacionais de Catalogação na Publicação (CIP)

E82g   Estruch, Tony

   Geniotipo: descubra o talento que há em você/ Tony Estruch; tradução por Edmundo Barreiros; prefácio de Francesc Miralles. — 1.ª ed. — Rio de Janeiro: Agir, 2024.
   200 p. ; 15,5 x 23 cm

   Título original: *Geniotipo: descubre al genio que hay em ti*

   ISBN: 978-65-5837-163-2

   1. Aperfeiçoamento pessoal. I. Barreiros, Edmundo. II. Título.

CDD: 158.1
CDU: 130.1

André Felipe de Moraes Queiroz – Bibliotecário – CRB-4/2242

CONHEÇA OUTROS LIVROS DA EDITORA:

*A genialidade é o ouro escondido na mina;
o talento é o mineiro que trabalha para extraí-la.*

Marguerite Blessington

SUMÁRIO

Prefácio: Viagem ao centro do talento — Francesc Miralles, 11
O que são os geniotipos? 15

OS NOVE GENIOTIPOS, 21

1. Infinito, 23
O Efeito Pigmaleão, 24
O desenvolvimento de Infinito, 26
"Eu sei": a sombra de Infinito, 28
Alguns Infinitos famosos, 28
Teste de reconhecimento, 30

2. Quadrado, 33
Ordem e progresso, 34
O desenvolvimento de Quadrado, 35
A tirania do intelecto: a sombra de Quadrado, 37
Alguns Quadrados famosos, 38
Teste de reconhecimento, 39

3. Elipse, 41
Conciliar os dois mundos, 42
O desenvolvimento de Elipse, 43
Vertigem e desequilíbrio: a sombra de Elipse, 45
Alguns Elipses famosos, 47
Teste de reconhecimento, 48

4. Triângulo, 51
O valor da assertividade, 52
O desenvolvimento de Triângulo, 53
A manipulação do sobrevivente: a sombra de Triângulo, 55
Alguns Triângulos famosos, 55
Teste de reconhecimento, 56

5. **Círculo, 59**
    Não seja um capacho, 60
    O desenvolvimento de Círculo, 61
    Um caso de livro: Nelson Mandela, 63
    O vitimismo e "pobre de mim": a sombra de Círculo, 63
    Alguns Círculos famosos, 65
    Teste de reconhecimento, 67

6. **Retângulo, 69**
    A felicidade do que é simples, 70
    O desenvolvimento de Retângulo, 71
    A monotonia da comodidade: a sombra de Retângulo, 72
    Alguns Retângulos, 72
    Teste de reconhecimento, 73

7. **Pentágono, 75**
    Vocação, compaixão e paixão, 76
    O desenvolvimento de Pentágono, 77
    Desatenção com a vida: a sombra de Pentágono, 79
    Alguns Pentágonos famosos, 79
    Teste de reconhecimento, 80

8. **Losango, 83**
    Uma criança diferente, 84
    O desenvolvimento de Losango, 85
    Dificuldade para se encaixar: a sombra de Losango, 87
    Alguns Losangos famosos, 88
    Teste de reconhecimento, 89

9. **Estrela, 91**
    Do outro lado do medo, 92
    O desenvolvimento de Estrela, 93
    Solidão e destruição: a sombra de Estrela, 94
    Alguns Estrelas famosos, 95
    Teste de reconhecimento, 96

Sobre o teste clínico, 99

LIBERE SEU GÊNIO, 101

10. Como despertar sua genialidade, 103
Eureca!, 105
A criatividade cotidiana, 106
Os níveis de criatividade, 107
O poder da imaginação, 109
"A imaginação é mais importante que o conhecimento", 110
Mabui: sua essência como pessoa, 111
Não somos robôs, 111
A música da felicidade, 113
A origem dos geniotipos, 114
Nascidos para fazer a diferença, 116
A coragem para começar, 117
O medo dos outros, 119
Da mediocridade à excelência, 120
Do medo à confiança, 122
Meditação é vida, 123
Aflore com o agora, 124

11. As anomalias da educação, 127
Ken Robinson com a palavra, 128
Da necessidade à oportunidade, 130
Formatar mentes, 132
Na "corrida dos ratos", 133
Libertar-se, 135
O conhecimento da genialidade, 136

12. O geniotipo nos relacionamentos, 139
Nós nos conhecemos?, 140
Dois casos práticos, 142
Não se divorcie de você mesmo, 144
O geniotipo nas relações de trabalho, 151
A estrada de tijolos amarelos, 153

13. Crie seu Super-Homem, 161
    A chave do entusiasmo, 162
    "Com grandes poderes vêm grandes responsabilidades", 163
    O paradoxo da abundância, 164

14. Alimente sua paixão, 167
    Tempo para viver e descobrir, 169
    Alimente seu corpo, o veículo de seu gênio, 170
    A preciosa travessia pelo deserto, 174

15. Talento e vida, 175
    A síndrome da "Tatá-sabe-tudo", 178
    Sobre a prosperidade, 179
    O talento oculto, 181
    A rã cozida, 183

Epílogo: A roda dos geniotipos, 185

Agradecimentos, 189

Bibliografia, 193

Prefácio
Viagem ao centro do talento

Tenho a honra de ter assistido ao nascimento de um conceito pioneiro que é apresentado ao mundo com este livro, razão pela qual escrevo este prefácio.

A primeira vez que entrei em contato com Tony Estruch foi por meio do congresso de meditação que ele organizava, e no qual fui um dos entrevistados. Hoje em dia já não participo desse tipo de evento virtual, mas naquela ocasião passamos uma hora conversando. Eu estava em minha casa, e ele, em seu estúdio, com um piano ao fundo.

Embora o budismo faça parte de minha vida e eu tenha feito três retiros e um programa de Redução de Estresse com Base em Mindfulness (MBSR, na sigla em inglês), sempre fui péssimo em meditação. Não tenho paciência para ficar sentado por muito tempo, e, logo depois de me acomodar na almofada, tudo começa a doer. Por isso, o mais próximo de meditação que faço é tocar piano ou caminhar pelo campo com atenção plena.

Após a entrevista, ficamos conversando um pouco e Tony me confessou que também não costuma meditar com muita frequência e, por essa razão, organizava o congresso: para que as pessoas conheçam essa prática de forma mais abrangente. Da conversa sobre meditação e música — ele é um excelente pianista — passamos a falar sobre talento.

Esse é um assunto que sempre me encantou, especialmente desde que escrevi *Ikigai*, junto com Héctor Garcia, traduzido para mais de sessenta idiomas.

Para saber até que ponto o propósito vital ocupa o centro da vida de alguém, de um projeto ou de uma empresa, costuma-se utilizar quatro círculos que respondem a quatro perguntas:

O que você ama?
O que você faz bem?
Isso é algo pelo qual podem pagar a você?
E é uma coisa da qual o mundo precisa?

O tema deste livro tem muito a ver com o segundo círculo, embora também se relacione com os outros três.

Todo mundo é genial em alguma coisa, e nossa tarefa como seres humanos é descobrir em que somos geniais para botar isso a serviço do mundo, o que corresponderia ao quarto círculo. Quando uma pessoa tem um talento natural, é prazeroso colocá-lo em prática e é muito provável que ela seja remunerada por isso, e assim completaríamos o diagrama do *ikigai*.

Voltando àquela conversa, que aconteceu depois que nossa sessão ficou gravada para o congresso, perguntei a Tony Estruch — sempre fui mais de escutar que de falar; a vida dos outros me interessa sinceramente — em que projetos ele estava envolvido. Ele me explicou, pela primeira vez, sua teoria dos nove geniotipos, que estava desenvolvendo havia anos, com a ajuda de uma equipe multidisciplinar. Fiquei fascinado de imediato, e meu radar de *sherpa* literário, que eu tinha colocado para descansar havia tempo, foi ativado de repente.

Trabalho há 25 anos no mundo do desenvolvimento pessoal e da espiritualidade. Comecei como tradutor e revisor e, posteriormente, atuei como editor, jornalista e escritor, com mais de cinquenta livros publicados. Minha especialidade é descobrir novas tendências no campo da autoajuda internacional. Depois de ter estudado milhares de manuscritos, posso afirmar que um autor apresentar algo verdadeiramente novo e original é mais do que difícil. A imensa maioria apresenta reformulações do que outros escreveram e são cheios de lugares-comuns.

Por isso mesmo a proposta de Tony Estruch me surpreendeu. Partindo da premissa de que todo mundo é um gênio, algo que sempre defendi, ele apresentava um modelo com nove tipos de genialidade: os geniotipos. Para liberar com felicidade todo o seu talento e oferecê-lo ao mundo (e para que te paguem por isso), primeiro você deve saber que tipo de gênio é. Caso contrário, pode estar lutando na guerra do lado errado.

"Genial", pensei antes de dizer a Tony:

— Você tem um livro que pode ajudar um número enorme de pessoas.

Recorrendo a meu papel de *sherpa* para guiá-lo, Tony pôs mãos à obra até concretizar o livro que você tem em mãos.

Estou convencido de que o modelo oferecido vai ajudá-lo a descobrir o gênio que existe dentro de você, para desenvolver todos os seus talentos e capacidades. Ele também vai servir para identificar os geniotipos de sua família, amigos e companheiros. Com ele, você vai poder compreendê-los melhor e ajudá-los a iluminar o mundo com sua própria genialidade.

Comece uma aventura emocionante!

Com carinho,

Francesc Miralles

Escritor premiado, coautor do best-seller Ikigai: os segredos dos japoneses para uma vida longa e feliz, *jornalista especializado em psicologia e espiritualidade e músico.*

O que são os geniotipos?

Todos somos geniais em alguma coisa. Entretanto, para tirar o melhor proveito de nós mesmos e dos outros, temos que abraçar com urgência um conceito mais rico das capacidades humanas: o talento.

Muitas pessoas acreditam que não são boas em nada, mas todos somos bons em algo, e nossa tarefa é descobrir qual é nosso dom para oferecê-lo ao mundo. Como observou a escritora irlandesa do século XIX citada logo no início deste livro, nosso ouro está enterrado dentro de nós mesmos, e cada um tem um talento próprio para trazer à luz. Qual é o meu? Quais são as minhas habilidades e capacidades? De que maneira posso extrair o melhor de mim mesmo para levar luz e riqueza para o mundo? O objetivo deste livro é ajudar você a descobrir isso.

Todo ser humano é genial por natureza, e, como define o jornalista Malcolm Gladwell, um gênio é alguém fora de série. Isso significa não apenas que essa pessoa se destaca entre as outras, mas que, nas palavras dele, "sua construção cuidadosa a diferencia das fabricadas em série", o que é exatamente o contrário do que costuma acontecer, pois muitas vezes o melhor de alguém está sepultado sob camadas de doutrinação, resignação e ideias preconcebidas, como veremos na próxima seção. Se obrigamos o mineiro a fazer coisas que nada têm a ver com seu verdadeiro propósito, ele não vai conseguir extrair o ouro.

Quantas pessoas se olham no espelho diariamente e não se sentem especiais? Em seu olhar há desconhecimento de seu próprio valor. Quando uma pessoa conhece a si mesma, quando toma consciência de qual é o talento dela, começa a liberá-lo e permite que esse ouro interior brilhe. Ao longo deste livro, vamos ver nove geniotipos, nove maneiras diferentes de mostrar nosso gênio por meio do próprio talento; e quero destacar que ninguém é, por si só, melhor que o outro.

Cada talento se configura como a definição final e particular dos recursos e aptidões próprios, apresenta uma utilidade e pressupõe uma contribuição para o mundo e para si mesmo, se tiver a disposição para desenvolvê-lo sem medos nem dúvidas, e com generosidade.

Desde que comecei a pesquisar, e também em meu trabalho como consultor, costumo escutar esta frase, ou variantes dela: "Eu não sou criativo. Sei cozinhar bem, mas é só isso."

Como assim é só isso?

É surpreendente a capacidade que o ser humano tem de se autossabotar e de se empenhar em silenciar todo o seu potencial. Há pessoas que se sentem insignificantes, mas pintam quadros, inventam receitas de cozinha ou têm um dom extraordinário para escutar e compreender os outros.

Certa vez, veio se aconselhar comigo um jovem com dez livros publicados que queria encontrar seu talento. Deixei escapar um sorriso. Se pararmos para pensar e formos honestos com nós mesmos, a maioria de nós é como esse escritor que ignora o próprio dom.

Talvez seu forte não seja a criação literária ou artística, mas você pode ser muito bom na mediação de conflitos, em acompanhar pessoas que passam por um momento difícil, em organizar o necessário para impulsionar outros talentos que cruzam seu caminho ou em fazer as pessoas rirem, para nos vacinarmos contra a seriedade e a raiva do mundo. Porque, sim, esses são recursos imprescindíveis que facilitam a vida cotidiana e nos ajudam a sermos felizes. Até o talento mais simples pode mudar o mundo, se praticado de coração e se investirmos toda a nossa energia. Depois de saber qual é seu geniotipo, vai estar em suas mãos descobri-lo em toda a sua magnitude e aplicá-lo em cada área da vida.

Todos temos um gênio em nosso interior, como a lâmpada de Aladim, ainda que não a tenhamos destampado por talvez não sabermos que devemos esfregá-la. Nesse sentido, o fato de que seu talento tenha permanecido oculto até agora pode se dever a diferentes fatores:

À ideia preconcebida de que o gênio pertence aos outros, a pessoas com muito mais talento, formação ou "sorte" que você.

A resignar-se a seu *status quo* atual, supondo que você não pode ser mais do que é, nem chegar mais longe do que onde está.

A achar que seu talento não é suficiente, ou mesmo que é algo simples demais; que se você não é famoso é porque não tem talento.

À educação cheia de condicionamentos e preconceitos à qual fomos submetidos. (Dedico todo um capítulo a esse último ponto na segunda parte do livro.)

Depois dessas lições preliminares, vamos mergulhar nesse conceito que pode revolucionar sua vida.

COMO FUNCIONA ESTE LIVRO

Ao longo da vida, aprendemos e nos adaptamos a muitas situações, mas o talento é inato. Outra coisa é sermos conscientes dele e sabermos como usá-lo a nosso favor, já que, como veremos ao longo de cada perfil, todo dom tem seu lado de sombra.

Para descobrir suas possibilidades e desenvolvê-las, o geniotipo é uma ferramenta de autoconhecimento que lhe permite organizar a mente a partir do coração. É como um manual de instruções para gerir capacidades que estão incorporadas a você desde que chegou ao mundo. Conhecer seu geniotipo vai ajudá-lo a desbloquear e fazer seu dom fluir, desprendendo-se de preconceitos herdados e, ao mesmo tempo, protegendo você de seu próprio lado de sombra.

Se você quer se descobrir ou se seu propósito é acompanhar os outros ao interior das próprias minas, o geniotipo proporciona os padrões que regem cada talento para extrair todos os seus benefícios e evitar armadilhas. Por essa razão, em cada capítulo deste livro você vai encontrar os dois lados da moeda, o positivo e o negativo, e vai aprender a equilibrá-los.

O estudo que você tem em mãos é fruto de dez anos de pesquisa em colaboração com especialistas de diversas disciplinas. Por isso vamos abordar o talento em toda a sua amplitude.

Dedico um capítulo extra às relações, porque é o campo em que o talento humano se expressa com maior complexidade.

Por último, no fim de cada capítulo da primeira parte, você vai encontrar um pequeno questionário-guia para aceitar ou descartar se pertence a cada um dos geniotipos. Tenho certeza de que depois da leitura você vai poder identificar ou intuir o seu. E, além disso, vai saber como liberar seu talento para compartilhar com os outros a riqueza que há dentro de você. Depois de identificar o seu geniotipo, na segunda parte do livro ofereço todas as chaves para liberá-lo, aproveitá-lo e, acima de tudo, melhorar sua autoestima por meio dele.

O GÊNIO QUE VOCÊ JÁ É

Antes de seguir e conhecer a fundo os geniotipos, eu gostaria de compartilhar alguns detalhes sobre minha infância e a origem deste projeto.

Uma de minhas lembranças mais presentes se refere a minha passagem pela escola. Tenho que admitir que tudo me interessava, menos estudar, porque nunca entendi o objetivo de muitas matérias. Além disso, como disse o especialista em educação Ken Robinson em uma de suas palestras, o fato de haver um professor ensinando não significa que os alunos estejam aprendendo. Se o docente não consegue se conectar com os alunos, e estes não abrem seu coração para o conhecimento, os procedimentos e a transmissão de valores, todas as palavras e explicações serão em vão. Isso explica por que eu ficava tantas vezes com a mente distraída no colégio.

Para mim, o verdadeiro significado de ensinar é acompanhar outra pessoa para que ela possa dar o melhor de si; significa apoiá-la e proporcionar as ferramentas necessárias para que seu talento se manifeste e para que ela abrace seus dons e habilidades. No processo indivisível de ensino e aprendizado, deve surgir a fagulha que acende o fogo da paixão interior e que ilumina todos os aspectos da vida de quem aprende, como caminho para revelar seu verdadeiro propósito.

Com esse objetivo, é necessário transcender o pensamento racional, que até é muito útil, mas é uma maneira bastante limitada de entender a vida. Nosso gênio muitas vezes habita o fundo da mina, e para chegar a ele, além de informação, precisamos desenvolver a *intuição* e aprender a escutar o *coração*, ambos pilares do talento. Pouco adianta ter uma mente lúcida e um coração adormecido.

No que diz respeito a você, uma nova maneira de se ver e de viver vai permitir criar novos vínculos, que à primeira vista não são percebidos. Quando o talento aflora, ele apresenta e gera novas realidades. Pensemos, por exemplo, que antes do ano de 2007 um telefone, um computador e uma tela sensível ao toque tinham, *a priori*, pouca relação entre si. Entretanto, com a visão do fundador da Apple, Steve Jobs, nasceu o iPhone, o smartphone que integrou todas essas possibilidades e mudou para sempre a maneira de entender nossa realidade cotidiana. De forma parecida, quando você ativar seu geniotipo, um novo universo de opções vai se abrir a sua frente. Logo você vai se ver fazendo coisas que agora sequer consegue imaginar.

Este é um livro sobre o talento inato, sobre o gênio que você já é e que vive em você. Por isso não espere mais. Convido você a mergulhar nas descrições dos geniotipos e a identificar o seu.

A aventura da sua vida está prestes a começar.

OS NOVE GENIOTIPOS

1
Infinito
Mostrar novos caminhos

Este geniotipo é representado pelo símbolo do infinito para indicar o caminho sem fim do aprendizado e do progresso humano. Vão se reconhecer nele os professores de vida em qualquer que seja seu campo. Seu propósito é educar e mostrar novos caminhos, acompanhando as pessoas para que deem o melhor de si.

É o geniotipo do sábio, do instrutor, do filósofo, do professor ou do diretor. Estas são suas capacidades inatas de maior destaque:

- Estuda e amplia sempre seus conhecimentos. Infinito não se cansa nunca de aprender para em seguida compartilhar com os outros. Já no século VI, o poeta hindu Kalidasa definia esse geniotipo da seguinte maneira: "As grandes almas são como as nuvens: coletam para compartilhar."

- Sabe transmitir a sabedoria de forma atraente e acessível a todos. Infinito é um grande divulgador; é aquele professor que nos marca e nos faz amar uma matéria, mas também o que detecta e potencializa nosso talento natural.

- Inspira e empodera os outros. Em sua presença, sentimos nossa capacidade e nosso valor se expandirem. Este geniotipo contagia com entusiasmo e domina o Efeito Pigmaleão positivo, que vamos explicar em seguida.

- Em sua melhor versão, mistura perfeitamente mente e coração. Por um lado, trabalha com base no intelecto, organiza e adapta os conteúdos para chegarem a todos. Por outro, é movido por amor pelo conhecimento e o apoio aos outros.

O EFEITO PIGMALEÃO

Infinito é um gênio em influenciar de maneira decisiva o rendimento das pessoas por meio das expectativas criadas por ele em relação a elas. Isso acontece especialmente quando temos algum tipo de poder sobre elas. Vejamos dois exemplos de casos opostos para entender como esse fenômeno funciona.

O Efeito Pigmaleão negativo

Imagine um chefe que trata sempre um funcionário de forma depreciativa, enviando a ele mensagens como: "Você ainda é muito inexperiente", "Você errou de novo" ou "Incrível como eu sempre tenho que ficar em cima de você".

Se não mudar de empresa, é previsível que esse funcionário se sinta cada vez mais inseguro e confirme com suas ações a visão negativa de seu superior. Ele vai se sentir muito inexperiente ou vai ter medo de errar toda vez que precisar tomar uma decisão, e assim sempre recorrerá ao chefe, que já sentenciou que deve ficar sempre em cima dele. Ao aceitar os rótulos negativos atribuídos pelo chefe, esse funcionário confirma a validade deles em todas as suas ações graças ao Efeito Pigmaleão negativo.

O Efeito Pigmaleão positivo

Vejamos agora uma situação diametralmente oposta por meio de um experimento. Ele foi realizado pelo psicólogo Robert Rosenthal e por Lenore Jacobson, diretora de uma escola de São Francisco, na década de 1960, quando começaram a testar esse mecanismo.

Antes de começarem o curso, os professores receberam os resultados dos testes de quociente intelectual feitos pelos alunos, que indicavam de forma precisa quais meninos ou meninas se destacariam e quais não tinham capacidades extraordinárias. Essas medidas, porém, eram totalmente fictícias, e foram entregues aos docentes de forma aleatória.

Ao terminar o curso, os meninos e meninas que tinham sido qualificados como "gênios" demonstraram um rendimento acadêmico superior, impulsionados pelas expectativas e pela confiança de seus professores.

Vejamos quatro benefícios produzidos pelo Efeito Pigmaleão positivo, de acordo com as observações de Rosenthal e Jacobson:

- Criação de um clima emocional de proximidade. A pessoa se sente abrigada e compreendida, para além da linguagem verbal. O Efeito Pigmaleão positivo também é gerado por meio dos gestos, do olhar e do tom de voz.
- Mais capacidade de aprender. Quando confiamos na capacidade que uma pessoa tem de se aprimorar, damos a ela mais e melhores conteúdos, e não deixamos de corrigir qualquer erro para ajudar em seu progresso. O oposto disso é o aluno ou funcionário que é considerado "impossível" porque ninguém espera que ele se supere.
- Maior participação. Quando o Efeito Pigmaleão positivo é ativado, a pessoa é convidada a opinar e participar, pois confiam em sua capacidade, em vez de ser ignorada ou interrompida. Isso resulta em um empoderamento importante.
- Superação por meio do elogio. Ao receber palavras de apreço, que destacam suas virtudes e realizações, a pessoa cresce

e se esforça para provar que seu mentor ou mentora não está errado. Ela vai fazer todo o possível para estar à altura das expectativas.

Certamente você já ouviu mais de uma vez a frase "Você cria aquilo em que acredita". Pois essa é a magia do Efeito Pigmaleão, um dos poderes deste geniotipo: fazer os outros acreditarem que podem realizar aquilo em que acreditam. Em psicologia esse fenômeno também é conhecido como profecia autorrealizada.

O DESENVOLVIMENTO DE INFINITO

Este geniotipo costuma ter o dom de lidar bem com as pessoas, o que, somado a seu domínio da comunicação, o deixa em situação de vantagem na hora de se relacionar com os outros. Em sua versão saudável, Infinito apresenta um bom julgamento, prudência e maturidade em seus atos e decisões, e é possível argumentar ou debater com ele ou com ela de forma bastante agradável. Na verdade, ele adora filosofar. Faz parte de seu encanto.

Entretanto, este geniotipo às vezes abusa de sua mente para decifrar a vida. Está sempre interpretando, embora tenda a se esquecer de seu coração. Tem o bom senso e a introspecção muito bem desenvolvidos, o que lhe permite alcançar as metas propostas e aconselhar os outros com prudência. Os conselhos deste geniotipo são muito valiosos porque quase sempre partem de uma reflexão profunda e trazem novas perspectivas.

Sua compaixão, altruísmo e empatia o tornam popular. Sua sede de conhecimento, porém, pode se voltar contra ele, já que seu calcanhar de aquiles — e seu maior medo — são a resignação e a monotonia. Ele precisa estar em constante aprendizado e desenvolvimento, mas a sociedade em que vivemos pode fazê-lo se sentir estagnado.

Infinito precisa ter certeza de que seu talento é imprescindível para despertar a consciência no mundo. Entretanto, para semear essa mudança deve perceber que seu maior valor não está em seu conhecimento e em sua intelectualidade, mas na inteligência emocional: acompanhar outros seres humanos para que olhem para dentro de si e descubram seu próprio gênio é sua missão primordial. Mais que ensinar ou formar, sua genialidade é acompanhar e desenvolver potencialidades. As competências emocionais estão em falta, por isso sua habilidade é tão necessária em nossos dias.

Se Infinito consegue entender essa nuance, seu talento vai fazer a diferença. Ele vai deixar de repetir as mesmas lições para extrair de cada pessoa todo o seu valor. Desse ponto de vista, o professor pode passar a filósofo ou sábio.

Um dos desafios deste geniotipo é não se perder na abstração das teorias e levar seu conhecimento para a vida real. Quando Infinito descobre alguma coisa, precisa agir com bom senso e aplicá-la a sua própria existência porque, de outro modo, vai começar a ter dificuldades sem saber o motivo. Com essa lógica, a de praticar com o exemplo, ele vai conseguir se realizar, e assim vai iluminar os outros.

Outro ponto forte deste geniotipo é que, em momentos de grande incerteza, ele sabe seguir o Tao, o fluxo da vida, sem cair em dramas.

As capacidades de Infinito aumentam quando ele está bem conectado com seu coração. Se fica preso ao intelectual, à acumulação de conhecimento, não libera seu poder, porque precisa incorporar à equação a variável do coração. Sua genialidade tem origem nas perguntas que sua mente faz e desemboca nas respostas intuídas pelo coração, que é sua porta para a verdade. Por esse motivo, seja filósofo ou professor de ioga, e embora seu propósito na vida seja mostrar novos caminhos para a humanidade, um Infinito saudável precisa combinar sua missão com um processo de profunda introspecção para responder às perguntas feitas pela vida. Em seu âmago, Infinito questiona tudo, mas isso não deve fazê-lo se sentir um estranho; esse comportamento é parte de seu dom para fazer deste um mundo melhor.

De forma resumida, para seu desenvolvimento profissional, emocional e existencial, este geniotipo precisa:

- Encontrar condições ideais para sua tarefa de ensinar e acompanhar os outros.

- Aprender sempre em mão dupla, alimentando sua sabedoria com novos conhecimentos e também mergulhando dentro de si.

- Levar suas descobertas para a vida aplicando mudanças reais; ou seja, alinhar suas ações com suas ideias.

"EU SEI": A SOMBRA DE INFINITO

Entre os perigos que este geniotipo deve evitar estão a prepotência e o egocentrismo. Ele se afasta de seu estado saudável quando ostenta seus conhecimentos e cai na tentação do "Eu sei", desprezando, de certa forma, as outras pessoas. Isso é muito comum na primeira fase da vida. À medida que amadurece, ele vai se aproximando da lúcida frase de Sócrates: "Só sei que nada sei."

Às vezes se entedia com o mundo porque não consegue compreender como algumas coisas que para ele são tão óbvias para as outras pessoas não são. Isso pode fazê-lo se sentir superior aos outros, alimentando sua soberba, ou talvez se retirar da vida como um ermitão.

Se Infinito adota o papel de erudito, não vai deixar espaço para a dúvida e o mistério, o que vai debilitar um poder essencial deste geniotipo: a interpretação e o questionamento de tudo, começando por ele mesmo.

A solução para que este perfil não adoeça é a humildade. Ele deve se dar conta de que o conhecimento é infinito, como seu geniotipo, e que, portanto, ele ou ela também é ignorante. Isso, além do mais, vai levá-lo a aceitar que cada pessoa tem sua própria sabedoria e um talento único.

ALGUNS INFINITOS FAMOSOS

- **Buda.** Considerado um dos grandes mestres da humanidade, Sidarta Gautama dedicou sua existência à busca espiritual e a ensinar a seus discípulos, que, por sua vez, transmitiram seu conhecimento para outros, até chegar a nossos dias. Seu grande propósito foi aliviar o sofrimento humano.

- **Platão.** Fundador da Academia de Atenas, em 387 a.C., instituição que realizaria seu trabalho educativo por nove séculos. Foi aluno de **Sócrates** e professor de **Aristóteles**, ambos também exemplos do geniotipo Infinito. Boa parte da filosofia clássica chegou até nós por meio de seus *Diálogos*.

- **Jean-Jacques Rousseau.** Grande figura do Iluminismo francês, apesar de odiado por alguns de seus representantes, como Voltaire, esse pensador, além de escrever, era músico e um naturalista perspicaz. Como pedagogo, esteve à frente de seu tempo defendendo a evolução natural da criança e de seus talentos.

- **Maria Montessori.** Criadora de um método educativo aplicado até hoje, que serve de base para muitas escolas em todo o mundo. No final do século XIX, Montessori se formou em medicina com louvor na Universidade de Roma La Sapienza. Ela defendia que a mente da criança é infinita, e tudo o que o educador deve fazer é motivá-la e despertar sua vontade de aprender. Seu lema era: "Ajude-me a fazer isso sozinho."

- **Carl Gustav Jung.** Ele, que foi colaborador de Freud, é, sem dúvida, um dos mestres mais heterodoxos e originais do século XX. A ele devemos conceitos como extrovertido/introvertido, os arquétipos, o inconsciente coletivo ou a teoria da sincronicidade. Sessenta anos depois de sua morte, continua a ser um farol para a psicologia e a espiritualidade.

TESTE DE RECONHECIMENTO

Escolha uma das três opções para cada uma destas afirmações:

1. Para você, aprender sempre foi...

   a) Uma obrigação muitas vezes desagradável.

   b) Um meio para alcançar um fim (um diploma, passar em um concurso público etc.).

   c) Uma necessidade vital, um caminho prazeroso e infinito.

2. O que motiva sua existência é...

   a) As pequenas coisas da vida.

   b) Um equilíbrio entre a diversão e o trabalho.

   c) A curiosidade: nunca me canso de aprender.

3. Ao estudar um novo assunto...

   a) Vou direto ao ponto, tratando de aprender o estritamente necessário.

   b) Gosto de me aprofundar, mas sem ficar obcecado. Existe vida fora dos livros.

   c) Nunca me dou por satisfeito, sempre resta algo para aprender.

4. Sua atitude em relação às pessoas que devem aprender com você é...

   a) Cumpro minha tarefa, mas ensinar não é meu forte.

   b) Sigo o programa e me esforço para que ninguém fique para trás.

   c) Sou apaixonado por ajudar a expandir a consciência dos outros.

5. Quando precisa fazer uma apresentação em público, você se sente...

a) Totalmente incomodado.

b) Muito nervoso, mas consegue levar.

c) Completamente confortável em ser o centro das atenções.

Cada "c" soma 20%, cada "b", 10%, e o "a", 0%, ou seja, não conta. Some todos os resultados e encontre seu percentual de Infinito. Se for muito alto, ele pode ser seu geniotipo.

2
Quadrado
Pragmatismo e lógica

O símbolo do quadrado expressa que este geniotipo é muito racional e tem ideias fixas. Seu propósito é fazer corretamente o que é correto. Ele se e identifica com seu trabalho, é o profissional perfeito, e para ele não é problema cumprir suas obrigações diárias, de forma metódica e organizada.

É o geniotipo do gestor, do contador, do escriturário, do administrador, do bibliotecário ou mesmo do economista, assim como todos que trabalham com a lei: juízes, policiais, militares ou advogados. É muito bom em acatar e cumprir ordens e, se sobe na cadeia de comando, pode ser excelente como administrador de uma empresa, oficial do exército ou capitão de uma embarcação.

Entre seus recursos inatos se destacam:

- Bom gerenciamento em um escritório, desde que a hierarquia esteja evidente e as tarefas, bem distribuídas. Sabe fazer parte de uma equipe e não suporta decepcionar.

- É pragmático. Justamente por ser muito cerebral e ter os pés no chão, suas soluções trazem as questões para a realidade. É o antídoto perfeito para momentos de dispersão, porque é guiado pela lógica e pelo raciocínio.

- É obstinado e persistente, garante resultados porque não se afasta da linha traçada. Sente-se confortável em tarefas que podem chegar a ser monótonas ou repetitivas.

- Destaca-se igualmente por sua nobreza e sinceridade, já que também é correto em seus pensamentos e valores. É uma pessoa fiel a suas crenças e ideias.

ORDEM E PROGRESSO

A imaginação e a criatividade artística não estão entre suas virtudes, por isso não costuma gostar de ficção científica, pois a considera pouco plausível. Ele não precisa da fantasia se está satisfeito com o que tem e cumpre as expectativas a que se propôs. É regido pela frase de Auguste Comte, expoente do positivismo, inscrita na bandeira do Brasil: "Ordem e progresso." Sua evolução e prosperidade partem dessa forma sistemática de avançar.

Os geniotipos mais intuitivos vão taxá-lo de rígido, mas Quadrado é de uma criatividade conceitual eminentemente prática. Não é esbanjador e nunca entra em terreno desconhecido se não pode controlar o resultado. É econômico, austero e precisa de uma base sólida para se sentir bem. Dificilmente abre mão do controle, não deixa nada nas mãos do acaso e suas decisões obedecem a uma lógica cartesiana. É apegado à zona de conforto e tem horror a saltos no escuro, embora às vezes seja atraído por outras realidades.

Quadrado pode se sentir perfeitamente realizado em cargos mais baixos porque não precisa se destacar. Aceita ordens com gosto, com a condição de que sejam claras e concisas, embora também saiba dá-las, desde que não as questionem. Quando alcança um cargo de chefia, faz brilhar todo o seu potencial e se torna um líder sólido, que cria grandes redes hierárquicas abaixo dele.

Qualquer que seja sua posição no tabuleiro do jogo da vida, este perfil é um gênio em fazer o que se deve no momento apropriado. Ele não vai forçar nenhuma mudança enquanto estiver em sua zona de conforto e suas expectativas forem atendidas. Ele não precisa de mais nada. Seu bem-estar está em cumprir suas obrigações e fazer as coisas bem, da forma como este perfil entende que devam ser feitas. O preço que precisa pagar é a dificuldade para gerir suas emoções e expressar o que sente.

Ele tem a virtude da resistência porque seus ideais são fortes e sua moral é quase indestrutível. No entanto, para seu desenvolvimento, como veremos em seguida, vai precisar gerir por completo o ser humano que é.

O DESENVOLVIMENTO DE QUADRADO

Para avançar, este geniotipo deve reconhecer que suas capacidades são imprescindíveis para a sociedade, mas deve cultivar a humildade necessária para aceitar que ele sempre terá coisas para aprender e integrar. A gestão é seu forte, mas para crescer precisa deixar um pouco o controle para lá, assim como delegar a terceiros e aprender a confiar.

Andrew Carnegie, o imperador do aço que não entendia de aço, mas que fez uma fortuna maior que a dos homens mais ricos de seu tempo, disse que seu segredo era se cercar de pessoas melhores que ele. Isso não deveria ser um problema para Quadrado, já que seu propósito vital não é ser protagonista (isso poderia ser uma consequência), e sim a boa gestão e fazer tudo funcionar da melhor maneira possível. Este geniotipo não precisa mudar o mundo, mas geri-lo ou administrá-lo.

Se eu fundasse uma empresa, com certeza daria a ele o cargo de diretor-geral, sem sombra de dúvida. Ele daria o melhor de si e, como estaria comprometido com a causa, sei que se sentiria como o dono da empresa e a faria crescer. Quando motivado, um Quadrado sempre vai render mais do que se espera. Ninguém ganha dele em raciocínio e motivação.

A convicção em relação a uma ideia pode levá-lo ao topo; por isso encontramos este geniotipo em alguns grandes líderes políticos. Suas ideias fixas podem conquistar muita gente, porque, para um olhar de fora, passam uma sensação de grande segurança.

São personalidades tão inflexíveis que ou você está com eles, ou está contra eles. Este é outro aspecto que Quadrado deve melhorar: entender que não há aliados nem inimigos, mas posições diferentes, e todas elas respeitáveis. Quando está insatisfeito, este geniotipo é rabugento e insaciável; e, quando está satisfeito, nós o percebemos como uma pessoa bem-humorada e descontraída.

O que vai marcar a felicidade e o crescimento deste geniotipo é se atrever a compreender e administrar suas emoções e as dos outros. Um curso de inteligência emocional, ou ao menos ler o livro homônimo de Daniel Goleman, pode ser um bom passo. Para evoluir, ele deve se desafiar, renunciar ao pensamento unívoco e fazer o exercício de questionar tudo o que pensa. Isso vai ajudá-lo a ganhar a simpatia de seus colaboradores e companheiros, e também a melhorar sua relação com os pais, os filhos, os parceiros e os amigos.

Resumindo, para que Quadrado possa se desenvolver como um ser humano completo, ele precisa:

- Encontrar um tipo de trabalho no qual suas habilidades para seguir ou dar ordens sejam apreciadas. Não é o tipo de pessoa para o departamento criativo de uma empresa.
- Se relacionar com pessoas de mente estruturada, que não conflitem com a sua visão estática do mundo.
- Reconhecer que a verdade absoluta não existe e que é melhor viver em paz que ter razão. Entender que tudo são meras opiniões, inclusive as dele próprio, pode ajudar nessa mudança.

- Ser corajoso para começar, pouco a pouco, a conhecer e se familiarizar com o mundo das emoções.

A TIRANIA DO INTELECTO: A SOMBRA DE QUADRADO

Esse jeito tradicional de ser pode levar este geniotipo a ser muito teimoso e pouco resolutivo em situações de conflito. Sua rigidez vai resultar em discussões em muitos aspectos de sua vida pessoal, inclusive com seu parceiro, quando as coisas não acontecerem como ela ou ele desejaria. Este é seu calcanhar de aquiles: é muito difícil para ele ir além dos padrões que considera válidos, e é preciso um grande esforço para aceitar que pode não ter razão.

A sombra de Quadrado é exatamente esta: é muito difícil convencê-lo e ele nunca dá o braço a torcer. Em uma negociação, se está em situação de vantagem, essa característica é positiva, mas serão perdidas muitas outras oportunidades que exijam acordo e conciliação. Para este perfil, abandonar sua posição ferrenha significa admitir que está errado, e isso abalaria seu mundo. Caso caia em depressão, essa limitação faz com que o prognóstico não seja bom. Vai ser difícil para ele sair do fundo do poço se seu mundo cerebral desmoronou.

Quadrado vive por meio do intelecto: tudo o que vivencia e percebe é filtrado pela mente. Ele precisa entender as coisas a partir da razão, e não do coração, para se sentir seguro. O pensamento lógico está sempre acima da inteligência emocional — este geniotipo quase nunca se deixa levar pelos sentimentos —, e isso gera muitos conflitos para ele e mal-entendidos com os outros. Por não entender o vazio emocional que o incomoda, tenta preenchê-lo com cada vez mais materialidade, com ideias tangíveis que frutificam, ou com raciocínios que lhe tragam tranquilidade e sensação de controle.

Se o que sente entra em conflito com sua lógica, ele vai reprimir ou bloquear a emoção, embora isso cause infelicidade. Em seu estado mais perturbado, Quadrado pode se tornar antissocial, obsessivo-compulsivo e mesmo chegar à paranoia, porque o mundo não está alinhado com suas conexões.

ALGUNS QUADRADOS FAMOSOS

- **Ernesto "Che" Guevara.** De forma intuitiva talvez não o relacionássemos com este geniotipo, mas, se analisarmos com atenção a vida e o pensamento dele, veremos que se encaixa perfeitamente. O herói da Revolução Cubana tinha uma personalidade rígida e, de fato, morreu por seus ideais. Seu lema vital, como indicamos no início deste perfil, define este geniotipo: "Fazer corretamente o que é correto."

- **Margaret Thatcher.** Apelidada de Dama de Ferro, foi a primeira mulher a assumir grandes responsabilidades na política moderna, e cumpriu essa tarefa ao longo de quase 12 anos como primeira-ministra do Reino Unido, em meio a grandes revoltas sociais. Sua liderança ferrenha a fez tomar decisões adversas, como o *poll tax*, um imposto único cobrado a todos os cidadãos independentemente de sua renda. Isso provocou campanhas de desobediência civil e os tumultos mais graves vistos em Londres em todo um século, o que precipitou sua saída do poder.

- **Louis Van Gaal.** Conhecido por sua famosa caderneta na qual ninguém sabia o que ele escrevia durante as partidas, esse mítico técnico de futebol ficou famoso pelas ideias irredutíveis em relação a seu sistema, assim como por confrontar a imprensa quando os jornalistas se atreviam a desafiá-lo. Seu método tradicional obteve muitos sucessos, além de descobrir novos talentos.

- **Bill Gates.** Igualmente admirado e odiado, seu grande mérito com a Microsoft foi se apropriar de ideias já existentes e administrá-las para popularizar um sistema operacional que hoje é utilizado por mais de metade do planeta. Antes da bolha das empresas ponto com estourar, ele ocupava o décimo lugar entre as pessoas mais ricas da história da humanidade.

TESTE DE RECONHECIMENTO

Escolha uma das três opções para cada uma destas afirmações:

1. Quando tomo uma decisão, para mim é...

   a) Quase irredutível. As coisas são como são e ponto.

   b) Uma base sobre a qual aceito fazer pequenas modificações.

   c) Negociável, desde que me deem bons argumentos.

2. Diante de uma tarefa burocrática ou administrativa...

   a) Eu a assumo sem o menor problema, concentrado apenas em meu compromisso.

   b) Posso assumi-la se for por tempo determinado, mas logo preciso mudar.

   c) Me causa um tédio insuportável e perco a concentração.

3. Ao receber uma ordem...

   a) É preciso obedecê-la, e trato de cumpri-la da maneira mais fiel possível.

   b) Eu a questiono caso algo nela não faça sentido para mim.

   c) Odeio que me deem ordens.

4. As emoções são para você...

   a) Uma montanha-russa que pode me dar vertigem. Não deixo que intervenham em minhas decisões.

   b) Um componente importante em minha vida, assim como a razão.

   c) Minha bússola como ser humano.

5. Seu parceiro discorda de maneira veemente de algo que já está decidido.

   a) Tento convencê-lo de qualquer jeito.

   b) Começo uma discussão construtiva para chegar a um acordo.

   c) Eu o escuto com atenção e sem preconceitos para poder compreendê-lo.

Cada "a" soma 20%, cada "b", 10%, e o "c", 0%, ou seja, não conta. Some todos os resultados e encontre seu percentual de Quadrado. Se for muito alto, ele pode ser seu geniotipo.

3
Elipse
Criador de sonhos

A figura geométrica que representa este geniotipo pode nos lembrar uma galáxia ou mesmo um ovo (com os dois lados iguais) que encarnariam o nascimento e a expansão da criatividade artística. A genialidade de Elipse é gerar novas ideias e nos fazer vibrar.

Este perfil é muito bonito e ao mesmo tempo complexo de se viver. Ele precisa exercitar seu talento para se realizar em uma sociedade muito racional e pragmática. Elipse é um gênio criativo irrefreável que, quando está alinhado com o coração, pode abrir caminho para seu artista interior. Encontramos este geniotipo no pintor, no músico, no escritor, assim como no publicitário criativo, no inventor, no coreógrafo e em pessoas inovadoras em qualquer área.

Estas são suas habilidades naturais de maior destaque:

- É um gerador incansável de ideias. Seu estado natural é a efervescência criativa. Por isso, ele pode ser às vezes exaustivo para pessoas que não estejam na mesma frequência.

- Quando está inspirado, inspira os outros. Sua fertilidade é contagiante. Tem a capacidade de mudar o mundo.

- Pode chegar a se sentir confortável vivendo à margem do *establishment*, criando uma bolha na qual funciona seu próprio universo. Dependendo de sua capacidade de se conectar com as massas, às vezes esse mundo alternativo acaba rompendo barreiras para se converter em *mainstream*, como aconteceu com alguns astros da música.

CONCILIAR OS DOIS MUNDOS

Elipse vai se sentir livre em tudo que tenha a ver com a criatividade artística e a inspiração. Por isso, nunca vai ser nem minimamente feliz com tipos de trabalho próprios de Quadrado. Ele não pode se sentir limitado por papéis, escritórios, leis e administração. Não suporta se ver restringido em algo que não sente. Precisa ter liberdade e trabalhar de seu jeito o maior tempo possível. Com uma típica tarefa burocrática, nunca vai render tanto quanto a empresa espera.

Entretanto, isso não significa que ele seja irresponsável. Elipse pode ser muito eficaz quando se apaixona pelo que faz. É até capaz de suportar situações pouco confortáveis e se conformar com condições materiais muito escassas para alcançar seu objetivo.

Essa dualidade é a grande batalha de Elipse: tornar compatíveis os dois mundos em que vive. Por um lado, precisa expressar sua criatividade de maneira livre. Por outro, deve arcar com suas despesas, por menores que sejam. Os criativos ou artistas não costumam ganhar dinheiro de início. Como, então, conciliar os dois mundos?

Um problema inicial com o qual este geniotipo se depara é que, como ele gosta mesmo de cantar, dançar, compor músicas ou pintar, tem de lidar com a voz recorrente dos pais, que dizem: "Deixe de bobagens e estude para ganhar a vida, porque isso não dá dinheiro." E isso faz efeito porque, além do mais, não temos um sistema educativo pensado para que o aluno exercite sua arte e compartilhe seu mundo interior.

Essa pressão faz muitos Elipses renunciarem a sua paixão para se dedicarem a tarefas que os consomem. Seu talento vai ficando enterrado, e eles vão se apagando como velas, resignados a uma existência anódina e cheia de amargura por não terem feito o que sentiam.

Voltando à conciliação dos dois mundos, para que este geniotipo possa ir crescendo até botar o próprio talento no centro de sua vida e possa até chegar a viver de sua genialidade, ele vai precisar fazer várias coisas:

- Encontrar um *sherpa*: no início da caminhada, é possível que se sinta sozinho e incompreendido, como uma pessoa diferente das outras. Para encontrar seu lugar no mundo, será útil contar com um mentor, alguém que tenha percorrido o caminho que ele se propõe a percorrer e que o ajude a afastar obstáculos e a alcançar seus objetivos.

- Reduzir suas necessidades: não se pode ser Elipse e estar preso a muitas obrigações e gastos. Enquanto não alcançar o sucesso – pequeno ou grande –, este geniotipo deve aprender a levar uma vida minimalista, que lhe permita ter tempo para criar e se desenvolver.

- Buscar uma base com a qual tenha afinidade: Elipse não foi feito para os trabalhos de gestão, mas pode ter um emprego relacionado a seu mundo criativo. Por exemplo, um escritor pode ganhar dinheiro como copywriter, tradutor ou professor de redação; um músico pode dar aulas; e um artista, iniciar crianças ou principiantes em sua disciplina.

O DESENVOLVIMENTO DE ELIPSE

Uma das virtudes deste geniotipo é acreditar cegamente em si mesmo e não renunciar a seus sonhos, por mais que outras pessoas digam a ele que não vai conseguir transformá-los em realidade. Se ele se render para ser apenas mais um na multidão, sua luz se apaga.

O sucesso para Elipse não tem a ver com a abundância econômica, mas com o fato de se sentir realizado. Se o talento de Elipse for muito grande, ele pode chegar a ser rico e famoso, mas não é isso o que move sua vida. Se sou bailarino, vou agradecer a vida por poder me dedicar a isso, e, caso eu consiga dar conta de minhas necessidades com minha paixão, estarei mais que satisfeito. Para que este geniotipo não se perca, deve deixar de lado os resultados, o canto de sereia da fama e do dinheiro, e apostar no que é seu com o único objetivo de alcançar a felicidade.

Essa é a grande vantagem de Elipse: é muito difícil que ele se renda quando sente que tem algo com que contribuir. Um exemplo óbvio foi Walt Disney. Esse ilustrador foi despedido do jornal em que trabalhava "por falta de imaginação", como escreveu seu chefe em um bilhete. Cheio de dívidas e com quase trinta anos, certo dia, em um trem, teve a ideia de desenhar um camundongo. Depois de criar a própria empresa, ele se tornou a pessoa com mais Oscars da história, e chegou até a comprar o jornal que o despediu.

Nesse caso, a fé em si mesmo e um talento descomunal deram as mãos, mas em outros casos isso não acontece, e aí Elipse pode distorcer a realidade e acreditar que, se não alcança o sucesso, é porque a vida é injusta ou ele não teve sorte, pois outros com menos talento conseguiram. Esse autoengano é um conceito formado a partir do ego, que pode levá-lo a subestimar os outros e a exagerar seu próprio dom, fazendo com que perca a perspectiva. Mas, se ele consegue deixar de lado as comparações e se concentrar no que ama fazer, a despeito do reconhecimento, será feliz.

Poder viver do que faz, mesmo que humildemente, é recompensa suficiente para Elipse. Quando entende que o sucesso está na satisfação pessoal de criar, a vida para Elipse é plena e gratificante como a de muito poucos geniotipos. Com esse espírito, dificilmente vai se deixar intimidar diante de novas possibilidades. Sua arte ou sua inventividade podem superar os padrões de sua época, ou ir um passo além do politicamente correto.

Quando realiza seu propósito, que é gerar sonhos para iluminar a vida do resto dos humanos, Elipse o faz a partir de uma criatividade que vem do coração, jamais da mente, porque esta não pode criar algo novo, já que funciona a partir daquilo que conhece. Como dizia Hitchcock, a imaginação é mais importante que a lógica. E essa é a grandeza de Elipse: a inspiração do coração rompe as barreiras criadas pela mente.

VERTIGEM E DESEQUILÍBRIO: A SOMBRA DE ELIPSE

A adolescência é um momento de grande instabilidade para este geniotipo; é quando ele começa a se sentir frustrado e incompreendido. Nessa época, Elipse corre o risco de cair em depressão ou nos vícios, por sentir que não se encaixa no mundo "real".

Nesse contexto, pode ocorrer uma série de cenários negativos:

- A luta para continuar com os estudos que não o motivam nem agregam nada. Isso leva a discussões familiares e à busca por escapes.

- Acreditar, a partir da mente, que o que sente em seu coração não serve para nada e que é preciso viver de qualquer outra coisa, mesmo que não seja o que deseja. Isso pode levar à perda da identidade e é garantia de infelicidade. Partindo da dor, ele tenta resolver a vida prática com base na necessidade, e não da fartura. Ele procura trabalhos para ir vivendo, mas Elipse nunca vai se sentir completo ou realizado dessa maneira.

- A infelicidade como resultado de não estar apaixonado pela vida, de ter se resignado à mediocridade, ainda que uma pequena voz interna lhe diga que ele tem muito a contribuir. Nesse cenário e para sair do atoleiro, muitas vezes Elipse procura distrações pouco saudáveis e mergulha em um túnel no qual reinam a escuridão e o frio.

Não há nada pior para Elipse que perder o rumo e deixar de saber o que veio fazer no mundo. Sair da cama todos os dias para cumprir obrigações alheias se torna um fardo pesado. Essa resignação apaga o fogo deste geniotipo, que é pura magia e intensidade, e o arrasta para uma existência de insatisfação, insegurança e autodestruição.

Em sua dimensão saudável, Elipse é mente e coração em partes iguais. Mas o que acontece quando sua mente é mais latente que o coração (a), ou quando seu coração é mais latente que a mente (b)? Vejamos os dois desequilíbrios.

- (a) Quando a razão impera sobre a inspiração, Elipse não consegue se conectar com sua centelha mágica característica e perde seu frescor. No mundo do pop, isso se nota em grupos que já não surpreendem, porque se deixaram conduzir por imposições comerciais, ou porque o criador se sente na obrigação de seguir produzindo, e a criação se converteu em mera rotina e perdeu seu caráter genuíno. O resultado já não é autêntico e fresco. Aplicado à vida cotidiana, este geniotipo perde o vigor. Criar é tão necessário para ele como o ar que respira, e se não consegue isso vai mergulhar na mais absoluta tristeza. Quando isso acontece, é necessário que encontre alguma coisa em sua vida que o ajude a se reconectar com a fonte de inspiração. Ele deve se juntar com outros Elipses, estudar algo novo, se retirar para meditar, buscar sua musa ou fazer qualquer coisa para que seu talento criativo volte a fluir.

- (b) No outro extremo, quando a inspiração vence a razão, surge o criador genial, mas deslocado no mundo, considerado talvez um excêntrico. Essas pessoas criativas são incapazes de se adaptar à sociedade, porque têm mais Céu que Terra. Beethoven queria aprender todas as regras da música para quebrá-las na hora de criar. Renunciar à mente e à razão para se deixar levar apenas pela inspiração pode fazer com que Elipse não se adapte a uma sociedade regida pelo previsível. Se esse for o caso, Elipse vai ser tachado de louco, por mais legítimo e genial que seja.

Em sua versão mais decadente, Elipse pode se castigar de duas maneiras opostas: perder-se na monotonia, no ressentimento e na autocomiseração, ou entregar-se a uma vida desenfreada e deixar-se levar pelos excessos e arrastar, sem que seja sua intenção, outras pessoas para esse turbilhão.

ALGUNS ELIPSES FAMOSOS

- **Michelangelo.** Chamado por seus contemporâneos de o Divino, foi uma verdadeira celebridade no século XVI, a ponto de publicarem duas biografias suas ainda em vida. Sob o mecenato dos Médici e do papado, dedicou-se a criar sem limites, com uma surpreendente e completa abrangência da visão, ao longo de mais de setenta anos, partindo de uma técnica escultórica refinada e expressiva, para também cultivar a pintura do maior preciosismo (lembremos dos impressionantes afrescos da abóbada da Capela Sistina no Vaticano) e, finalmente, explorar a arquitetura, com projetos como a Basílica de São Pedro e os Museus Capitolinos, em Roma, e a Sacristia Velha da Basílica de São Lourenço, em Florença.

- **Salvador Dalí.** O pintor de maior sucesso do surrealismo encarnou como ninguém o arquétipo de Elipse excêntrico. Aparecia em público com uma omelete pendurada no bolso como se fosse um lenço e, para além de sua arte, era um mestre na hora de se vender e captar a atenção do público. Uma de suas frases mais famosas era: "A única diferença entre um louco e eu é que eu não estou louco."

- **J. K. Rowling.** Sua vida é um exemplo claro de como um Elipse pode padecer antes de chegar a seu objetivo. Depois de se separar do pai de sua filha, mergulhou em uma forte depressão e chegou até a pensar em suicídio. Ela teve a ideia da história de Harry Potter em um trem (como aconteceu com Walt Disney com seu famoso camundongo) de Manchester a Londres, que, por problemas técnicos, atrasou quatro horas. Escreveu o primeiro volume da saga em diferentes pubs e cafés quando vivia de seguro-desemprego. Com uma fé inabalável em seu talento, para poder criar tinha de esperar os momentos em que sua filha pequena dormia.

- **Quincy Jones.** Desde seus primeiros passos como trompetista e arranjador de jazz quando ainda era adolescente, até o mentor visionário que definiria a carreira solo de Michael Jackson, passando pela coprodução do álbum *Thriller*, o mais vendido na história da música, Jones talvez seja um dos artistas mais influentes do último século. É um exemplo de Elipse que soube triunfar em vários campos criativos, já que não se destaca apenas como músico (com três discos consagrados no mundo do jazz) e produtor, mas também como arranjador, compositor, regente de *big bands* e produtor executivo da indústria fonográfica. Entre suas obras podemos destacar as trilhas sonoras (do total de 33 filmes) de *O homem do prego* (Sidney Lumet), *A cor púrpura* (Steven Spielberg) e *Os implacáveis* (Sam Peckinpah), assim como produções para Frank Sinatra, Lena Horne, Tony Bennett e Sarah Vaughan. Indicado 79 vezes ao Grammy, tem em sua coleção 28 dessas premiações, além de prêmios Tony e Emmy, sete indicações ao Oscar e diversos doutorados *honoris causa* conferidos por várias universidades. E continua mantendo viva sua curiosidade ajudando a descobrir jovens músicos.

TESTE DE RECONHECIMENTO

Escolha uma das três opções para cada uma destas afirmações:

1. Quando dizem que é preciso "manter os pés no chão", você pensa que...

   a) Um pouco de loucura de vez em quando não faz mal.

   b) Quem diz isso é incapaz de voar. Não dou nem atenção.

   c) Tem razão. É preciso ser realista.

2. Ao mergulhar em uma atividade artística, você...

a) Descobre coisas interessantes, mesmo que não se sinta um gênio.

b) Flui totalmente com a experiência. O tempo e o espaço desaparecem.

c) Só faz isso se for obrigado, pois está fora de sua zona de conforto.

3. Trabalhar como advogado ou gestor é...

a) Chato, mas com o tempo é possível acabar pegando gosto.

b) Um verdadeiro pesadelo.

c) Satisfatório, se você busca a excelência e aposta tudo nisso.

4. Em um caso extremo, você seria capaz de morrer por...

a) Uma boa causa, se com isso melhorasse o mundo.

b) A imaginação e a liberdade absolutas.

c) Um ato de responsabilidade.

5. Quando vai a um show ou a uma exposição, muitas vezes...

a) Consegue se esquecer dos problemas cotidianos durante um tempo.

b) Sente prazer e curiosidade, mas prefere ser você a criar.

c) Você se entedia. Assim que entra, tem vontade de sair.

Cada "a" soma 10%, cada "b", 20%, e o "c", 0%, ou seja, não conta. Some todos os resultados e encontre seu percentual de Elipse. Se for muito alto, ele pode ser seu geniotipo.

4
Triângulo
A arte da venda e da empatia

O geniotipo representado pelo triângulo tem o tino comercial bem aguçado, tanto para oferecer um produto quanto para comunicar algo que beneficiará o mundo: seu propósito é vender, seja um produto, um serviço ou uma ideia.

Este perfil é genial por sua capacidade de adaptação, por isso sempre está no lugar e no momento certo. É intuitivo, preparado e ávido: sabe encontrar oportunidades onde outros não veem. Daí sua grande facilidade para criar negócios e empresas.

É o geniotipo do vendedor, do chefe de marketing, do gerente, do negociador ou do palestrante motivacional e até de muitos políticos. Ele tem a inteligência emocional e social para chegar facilmente aos outros e alcançar seus objetivos.

Algumas de suas habilidades mais notáveis são as seguintes:

- É otimista por natureza, por isso, onde os outros veem limitações, Triângulo vê possibilidades. Ele não tem barreiras mentais para alcançar seus objetivos, e a palavra *impossível* não faz parte de seu vocabulário.

- Sua atitude é perseverante: ele não se importa de se esforçar se com isso pode atingir um objetivo importante. Sua determinação é um fator chave para seu sucesso.

- Tem empatia para compreender as outras pessoas, o que o torna sedutor e permite que ele encontre a melhor maneira de convencer. Essa é sua grande vantagem como vendedor. Se mal utilizado, esse dom pode torná-lo um manipulador pela extrema facilidade que possui para ver as coisas por um lado diferente.

O VALOR DA ASSERTIVIDADE

Triângulo precisa ter certeza de que seu talento é imprescindível para que uma atividade, serviço ou produto chegue o mais longe possível. As grandes empresas não conseguem se desenvolver sem boa comunicação e comercialização. Um produto simples pode ter uma boa saída nas mãos de um bom vendedor, assim como um ótimo produto pode fracassar nas mãos de um mau vendedor.

Vou tomar como exemplo o que aconteceu durante as eleições do Fútbol Club Barcelona nos anos 2000 e 2003. Lluís Bassat, o diretor da agência de publicidade mais poderosa na época, se candidatou duas vezes à presidência. Mesmo sendo favorito, um dos melhores publicitários de nosso tempo não soube vender bem sua mensagem e perdeu as eleições nas duas vezes. Talvez seu rival estivesse mais convencido de que sua visão era indispensável para o clube, e isso tenha lhe dado vantagem.

Quando Triângulo tem essa segurança e esse propósito, não precisa do reconhecimento das outras pessoas. Se ele acredita no que oferece ao mundo, mesmo que comece de muito baixo, pode chegar ao mais alto. Além disso, Triângulo não pode fazer seu trabalho apenas em troca de um salário no fim do mês. Se não tem paixão, sua vida se torna cansativa e monótona.

O grande valor deste geniotipo é a assertividade: sua capacidade de comunicar e defender seus próprios direitos e ideias de maneira adequada, respeitando os dos outros. Essa aptidão permite que Triângulo comunique seu ponto de vista ou sua mensagem sem cair na passividade nem na agressividade. Para ser assertivo, o dom da palavra é essencial, e a comunicação deste geniotipo é mais eficaz se ele acredita que o que faz é imprescindível para o mundo continuar girando, e não é apenas um meio para pagar as contas no fim do mês.

Um estudo recente revela que 55% de uma venda depende da confiança que o vendedor transmite, e que a capacidade de gerar confiança está baseada na integridade e na honestidade. Essa capacidade faz com que Triângulo contorne qualquer situação, por isso este geniotipo é um grande negociador.

A arte da negociação exige que as necessidades reais das pessoas com as quais você lida sejam observadas, além do cultivo de uma mente aberta para identificar possibilidades onde outros não veem. Para isso, é preciso somar criatividade à estratégia e à assertividade de que estamos falando. Se fazemos as coisas sempre da mesma maneira, entediamos nosso público e a nós mesmos.

O melhor vendedor é aquele que sempre está inovando seu discurso e o que fala com empatia com seu cliente, escutando e atendendo suas necessidades, de um ser humano para outro.

O DESENVOLVIMENTO DE TRIÂNGULO

Para que possa exercitar todo o seu talento, este geniotipo precisa encontrar um produto, serviço ou ideia que esteja sintonizado com o vendedor que tem dentro de si. Seu valor é mais importante que a coisa em si. Quando ele se identifica com o significado do que pretende "vender", brota de seu interior uma força enorme que o leva à excelência, já que ele trabalha fundamentado na autoestima, na confiança e na empatia.

Triângulo cresce quando foge do protótipo do vendedor que vemos em *A morte de um caixeiro-viajante*, de Arthur Miller, o comerciante que tenta progredir na vida sem seguir princípios éticos. Vejamos um fragmento dessa peça teatral que recebeu o Pulitzer em 1949:

Willy (pensativo): A pessoa trabalha a vida inteira para comprar uma casa e quando, finalmente, a casa é sua... não há ninguém para viver dentro dela.

Linda: E o que se há de fazer? As coisas são assim. E a vida segue seu caminho.

Willy: Não tem por que ser assim. Algumas pessoas... algumas pessoas conseguem alguma coisa... Conseguem alguma coisa da vida.

Se você quer brilhar em todo o seu esplendor, isso é o que Triângulo definitivamente precisa fazer: romper com a imagem do vendedor por comissão e sem alma e começar a atuar com propósito. O poder de Triângulo não é cumprir objetivos comerciais, mas melhorar a sociedade, fornecendo o que ela demanda. Por isso ele precisa acreditar no valor do que oferece. Para isso deve agir a partir do coração, longe da avareza e da manipulação do vendedor habitual. Seu trabalho não pode ser apenas um ganha-pão, porque se sua missão não é autêntica, se não nasce de seu interior, Triângulo vai acabar desgastado e desmotivado e se tornará uma pessoa desanimada, cansada e resignada.

Ser um bom vendedor é um dom inato, e nasce do entusiasmo pelo que se quer vender. Não tem nada a ver com um trabalho por comissão no qual se vende qualquer coisa por desespero. Embora às vezes possa parecer, nem todos os vendedores são empregados que tentam sobreviver com um salário apertado. Um vendedor autêntico faz a diferença porque trabalha do ponto de vista da grandeza. Nesse sentido, Triângulo pode ser um grande publicitário, um diretor de campanha eleitoral, um bom corretor de imóveis ou um mago dos negócios que sabe detectar novas oportunidades.

O que o diferencia do resto são sua generosidade e empatia, atributos que nascem do coração e fazem este geniotipo chegar longe. Por esse motivo, Triângulo, em sua expressão máxima, é capaz de criar empresas que mudam o mundo. Jeff Bezos e Jack Ma são dois exemplos: empresários com autoconfiança e empenho, que perceberam as necessidades da sociedade. O primeiro criou a Amazon, e o segundo, o Alibaba.

A MANIPULAÇÃO DO SOBREVIVENTE: A SOMBRA DE TRIÂNGULO

Em sua dimensão negativa, quando Triângulo se dedica a vender por vender, sua mente utiliza todo tipo de ferramentas em seu próprio benefício, sem levar em conta o outro.

Certamente, este geniotipo tem uma enorme capacidade de sobrevivência, e quando age a partir de sua sombra, tendo como único objetivo vender por vender, sua capacidade negociadora e sua boa disposição são substituídos por manipulação, embuste, mentira, malícia e desonra.

Nessa situação, Triângulo gera desconfiança desde o princípio, fazendo os outros pensarem "O que será que ele quer me vender agora?". Assim, o marketing de resultados imediatos, o de "faço uma visita de demonstração para depois vender outra coisa a você", está baseado no abuso de confiança e na estratégia de manipulação.

ALGUNS TRIÂNGULOS FAMOSOS

- **Cristóvão Colombo.** Esse navegador e explorador precisou ter muita habilidade comercial em sua época para conseguir patrocínio para um projeto que a maioria considerava absurdo. Depois de ser rejeitado pela casa real portuguesa, conseguiu vender sua ideia de abrir uma rota comercial para a coroa de Castela. Devido a seu périplo, e embora não imaginasse que o destino seria o continente americano em vez da Ásia, vemos que a chegada à América só podia ter sido realizada por um Triângulo.

- **Dale Carnegie.** Nascido no Missouri e filho de um agricultor pobre, quando era adolescente Dale Carnegie se levantava às três da madrugada para ordenhar as vacas. Mesmo assim conseguiu completar sua educação. Vendeu cursos por correspondência a fazendeiros e foi comerciante de bacon, sabão e manteiga antes de estudar arte dramática em Nova York. Deu aulas de oratória e escreveu o clássico *Como fazer amigos e influenciar pessoas*. Sete décadas depois de sua morte, seu método continua a influenciar pessoas em todo o mundo.

- **Steve Jobs.** O cofundador e idealizador da Apple sempre soube se relacionar com pessoas talentosas, mas seu grande dom era vender. Suas apresentações de novos produtos eram tão míticas que viraram tema de livros. Ele tinha uma atitude visionária e sabia se antecipar aos fatos. Em suas palavras: "As pessoas não sabem o que querem até você mostrar a elas." Conferencista de primeira, sua palestra para os alunos da Universidade de Stanford é considerada um marco da era YouTube.

- **Mary Kay.** Considerada a vendedora por excelência, Mary Kay passou de vendedora de enciclopédias a líder de quinhentas mil consultoras de beleza, que continuam a oferecer seus produtos com o entusiasmo e o *savoir-faire* de sua fundadora. Era uma especialista em motivação, e dizia que, para conseguir fechar uma venda, era preciso fazer a outra pessoa se sentir importante: "Se você agrada os outros sempre que pode, vai ver que eles respondem como a planta sedenta responde à água." Ela faleceu em 2001.

TESTE DE RECONHECIMENTO

Escolha uma das três opções para cada uma destas afirmações:

1. Se você tem de fazer uma apresentação sobre um produto ou um serviço em seu trabalho...

   a) Você se sente amedrontado e é invadido pela síndrome de impostor.

b) Se você se identifica, faz isso com paixão e entusiasmo.

c) Precisa se preparar para não ficar nervoso.

2. Diante de um desafio que envolve a conquista de algo novo, você age principalmente com...

a) Ansiedade: até que tenha passado, você não vai estar tranquilo.

b) Euforia: você adora desafios.

c) Prudência: você não se sente intimidado, mas também não comemora.

3. Ao conversar com alguém com valores muito diferentes dos seus...

a) Você se sente realmente incomodado.

b) Você sabe se colocar em seu lugar e ver as coisas do ponto de vista da pessoa. Não custa a você se harmonizar.

c) É diplomático: tenta fazer com que a conversa seja cortês e agradável.

4. Para você o dinheiro é...

a) Um mal necessário. Seria bom se não fosse necessário pagar os boletos no fim do mês.

b) Uma grande motivação: faz parte da vida e é um indicador de que você está fazendo as coisas bem.

c) Uma maneira de intercâmbio. É preciso dar a ele a importância correta.

5. Em sua opinião, os grandes vendedores...

a) Se aproveitam da ingenuidade das pessoas.

b) Podem transformar a sociedade.

c) Fazem apenas seu trabalho em troca de uma compensação econômica.

Cada "a" soma 0%, cada "b", 20%, e o "c", 10%. Some todos os resultados e encontre seu percentual de Triângulo. Se for muito alto, ele pode ser seu geniotipo.

5
Círculo
Amor incondicional

Este geniotipo é representado pelo círculo, como o amor que tudo abarca e nunca para de girar para abraçar todas as coisas. O propósito de Círculo é amar sem limites, com o paradoxo de que essa energia universal alcança todos, mas raramente a si mesmo.

Em seu dom está sua penitência, já que essa fonte inesgotável de amor costuma sofrer de baixa autoestima. Círculo se sente permanentemente em dívida com os outros e com o mundo.

Este geniotipo é tão especial que não tem uma profissão definida, embora seja próprio de pessoas que trabalham em projetos humanitários e missionários, de assistentes sociais, de muitos profissionais de saúde, de alguns líderes espirituais e de líderes de fundações ou ONGs. Mas, se assim desejar, Círculo pode desenvolver qualquer atividade com uma condição: deve criar a própria forma de exercê-la. Essa é sua genialidade.

Todos nós, os seres humanos, temos qualidades extraordinárias, mas Círculo tem o talento de tornar realidade coisas que ao resto da humanidade parecem impossíveis. Sua essência está conectada à fonte, e por isso pode chegar à origem e criar o que não existe.

É isso o que permite que ele se realize: criar algo que nasça de seu coração para melhorar a vida dos outros e assim mudar o mundo. Não falo de grandes invenções, mas da revolução do que é pequeno e cotidiano, que é absolutamente necessária. No entanto, quando o medo o impede de liberar sua criatividade intuitiva, ele sonha com missões, mas trabalha em tarefas que não cumprem com seu propósito.

Entre muitas de suas capacidades inatas, destacam-se:

- A bondade indiscriminada. Círculo não cuida e faz bem apenas aos amigos e às pessoas próximas, mas seu coração abraça a humanidade inteira. O amor incondicional é o que o move.

- É capaz de assumir o ponto de vista das pessoas como se fosse o seu, como fazia o mestre hindu Ramana Maharshi. Uma vez perguntaram a ele como deveríamos tratar os outros, e sua resposta foi: "Não existem os outros."

- Sua magia é tal que para este geniotipo não existe o impossível. Ele veio a este mundo para mudá-lo a partir do coração. Círculo ajuda a curta distância, mas ao mesmo tempo é capaz de gerar uma revolução.

NÃO SEJA UM CAPACHO

Sua profunda empatia e sua fonte inesgotável de amor faz deste geniotipo o mais "divino" de todos. Mas, ao mesmo tempo, é o que mais sofre. Quando não entende seu talento, a baixa autoestima se torna seu calcanhar de aquiles, porque assume a dor do próximo como sua, e também assume a responsabilidade de aliviá-la.

Círculo está sempre salvando os outros. O mais curioso, porém, é que, apesar de ter esse poder, este geniotipo às vezes acredita que não tem muito valor. Ele não se sente especial e é movido pela dívida que acredita ter com o mundo. Este perfil dá mais que recebe. Ele não costuma exigir nada para si porque sua missão está a serviço dos outros. Se em uma família algum membro sofre de uma doença grave, Círculo vai ser o encarregado de cuidar dele, e vai pôr isso à frente das próprias necessidades. Ele não vai pedir ajuda aos irmãos para ter alguns dias livres ou férias quando precisar. Suas frases favoritas costumam ser "Eu vim ao mundo para servir" ou "É que me sinto mal".

Muitas vezes Círculo faz algo com boa intenção, mas isso se volta contra ele porque os outros interpretam mal ou acham que ele quer tirar alguma vantagem. É um perfil de risco duplo, pois, além do mais, essas pessoas estão propensas a que os outros se aproveitem de seu vício em agradar.

Em seu livro *Dar e receber*, o psicólogo Adam Grant chama de "capacho" o tipo de pessoa que aceita esse papel que estamos descrevendo. A generosidade desses indivíduos é tão incondicional que os outros a consideram como certa, e os usam como os capachos que temos na porta de casa.

Essa versão não empoderada de Círculo, que veremos mais à frente neste capítulo, gera para ele grande desgaste e infelicidade. Em seu estado saudável, por outro lado, é um gênio de imenso coração, capaz de entender todos os seres e de transformar o mundo com sua inteligência inata.

O DESENVOLVIMENTO DE CÍRCULO

Quero confessar algo pessoal: toda vez que reconheço uma pessoa com este geniotipo em meu programa "Desenvolvimento pessoal de seu geniotipo", eu me emociono. Por sorte, a vida pôs em meu caminho vários Círculos e, embora muitos deles se sintam insignificantes, é difícil não me deixar intimidar por sua grandeza. E uso a palavra *intimidar* em um sentido estritamente positivo. Agora, quando tenho um Círculo à minha frente, sempre digo a ele o mesmo: "Se você conseguisse ver a si mesmo com meus olhos, entenderia a inveja saudável que sinto por seu superpoder."

Círculo é o guardião do amor incondicional. Como é possível que, com todo esse poder, ele possa se sentir insignificante e pensar que não vale nada? O que fizemos como sociedade para que esses seres humanos maravilhosos não possam expressar seu talento? Em que momento o ser humano decidiu priorizar o que pensa em detrimento daquilo que sente?

Se continuarmos a descartar o amor como forma de vida, jamais alcançaremos a felicidade e a realização plena. Há casais que se amam e, ao decidirem racionalizar, duvidam se é conveniente ficarem juntos.

Para Círculo é natural compreender a vida com base no amor. Ele sente tamanha compaixão pelos outros que põe seu amor e sua vida à disposição deles. A chave para um desenvolvimento saudável deste geniotipo é poder cumprir sua missão sem renunciar às próprias necessidades, praticando o autocuidado diariamente. É como as máscaras de oxigênio do avião: em caso de perda de pressão, quando as máscaras se soltam, as instruções dizem que você deve por a sua primeiro para poder ajudar a pessoa que está ao seu lado.

No campo do amor, um aforismo do psicólogo e sexólogo Antoni Bolinches o explica assim: "O segredo de um bom casamento é se casar com o outro sem se divorciar de si mesmo." Isso poderia ser aplicado a qualquer área em que Círculo se movimente. É bom atender às necessidades dos outros, desde que você tenha as suas garantidas. Na verdade, trata-se de uma espécie de egoísmo positivo, já que, ao cuidar de si e se respeitar, Círculo vai estar em condições de atender muito melhor aos outros. É uma situação em que todos ganham.

Resumindo, para seu desenvolvimento saudável, Círculo precisa fazer duas coisas:

- Reconhecer sua grandeza e se sentir orgulhoso (sem vaidade) de tudo o que oferece ao mundo.

- Amar a si mesmo. Atender às próprias necessidades para seu bem e o bem do mundo.

UM CASO DE LIVRO: NELSON MANDELA

Estou convencido de que muitas pessoas que leem este livro se identificam bastante com este geniotipo. Por isso, quero dedicar a ele uma seção a mais antes de chegar a sua sombra. Vou expor o caso de Nelson Mandela, um dos maiores exemplos de Círculo da história. Ela tinha tamanha compreensão da própria essência que seguiu seu coração de uma forma que seria inconcebível para os outros.

Depois de 27 anos preso, e de passar a melhor parte da vida atrás das grades, qualquer *Homo sapiens sapiens* "mentaloide" teria reagido com rancor e ódio. Entretanto, Mandela compreendeu que a única forma de mudar as coisas era por meio da reconciliação. Como arma, utilizou o amor, e como força, a palavra, articulando mensagens tão radicais quanto "O amor é nossa natureza, o medo é nossa criação". Essa frase continha uma mensagem para a humanidade: o contrário do amor é o medo.

Assim, ao deixar o cárcere, foi para o campo de batalha com uma arma de transformação massiva: a compaixão. Ele expressou que a única diferença entre um branco e um negro é o julgamento. Mandela se compadecia dos que o haviam mantido preso, pois entendia que, corrompidos pela educação de seu tempo, eles eram tão vítimas quanto ele.

A compaixão é o grande talento oculto de Círculo e, se ele o extrai do fundo de sua alma, é impossível de deter. Ele conta com a grande vantagem de não saber odiar. Simplesmente não faz parte dele. (Atenção: não confundir o ódio com a raiva ou a ira pontuais.)

O VITIMISMO E "POBRE DE MIM": A SOMBRA DE CÍRCULO

O medo é a criptonita de Círculo, porque desativa seu superpoder: o amor incondicional. Nessa situação, este geniotipo não está completo e equilibrado, pois aquilo que o torna autêntico foi anestesiado.

Diante da gestão do dia a dia, quando Círculo adota por imitação um comportamento de tipo mental, ele se sente inferior e insignificante, porque renunciou de forma inconsciente a suas habilidades, e isso reduz sua autoestima.

Este geniotipo só pode cumprir seu objetivo de vida com base no que sente, e para isso o coração é essencial no momento de tomar uma decisão. Quando condicionado por uma sociedade ancorada no mental e emocionalmente anulada, Círculo vai se afastar de sua intuição e acabar se perdendo. Sua maneira de encontrar algum sentido na vida é servir aos outros e, junto com isso, abandonar os cuidados consigo mesmo. E, embora faça isso com todo o coração, esse caminho vai resultar em muitos problemas.

Sempre vou me lembrar de uma mulher que veio ao meu consultório para pedir ajuda. Ela me disse que havia pensado em se suicidar. Tinha sessenta anos e havia passado metade da vida sozinha e cuidando de seus pais, e naquele momento se sentia vazia e não tinha nenhum sonho. Entretanto, durante uma meditação de meu programa de autoconhecimento por meio do geniotipo, começou a ver cores e animais por todos os lados e a sentir vida e amor. Então ela exclamou: "Tony, já encontrei o propósito da minha vida! Sempre quis ter uma casinha na montanha, com animais para cuidar e uma horta para alimentar, e ajudar pessoas que não têm um lar." Ela havia reencontrado o poder de Círculo. E, apesar de ter passado a vida inteira cuidando de outras pessoas, o sonho dessa mulher era continuar fazendo isso, mas em um lar criado por ela mesma. Esse é o tipo de visão criativa intuitiva e incondicional característico de Círculo, que muda o mundo ao tornar a vida dos outros mais fácil. Por isso, um Círculo deve compreender que não pode perder nunca a fé em si mesmo e que seu dom é infinito. Há uma frase de Alejandro Jodorowsky perfeitamente condizente com isso: "Os pássaros nascidos em gaiolas acham que voar é uma doença."

Embora voar costume ser, em muitos casos, outro dos grandes pecados deste geniotipo. Puro ar que não concretiza nada. Por isso ele precisa reinterpretar seu *mindset* para materializar seu talento criativo altruísta.

Se este geniotipo não encontra o caminho de casa, sua sombra pode conduzi-lo ao vitimismo, que, segundo James Redfield, autor de *A profecia celestina*, é uma forma doentia de se apoderar da energia dos outros. Este perfil está baseado em uma conduta que se revela desamparada, indefesa e sofredora, e que exige uma compensação por tudo o que fez; então, nesse caso não se trata de amor incondicional, mas narcisista, já que uma grande oferta de amor pode esconder uma grande demanda por este sentimento. É que, em seu estado de sombra, este geniotipo pode ficar ressentido e se tornar manipulador. Como observa Redfield, uma pessoa que nos conta continuamente as barbaridades que acontecem com ela, nos levando a nos sentir culpados e exigindo nossa ajuda, embora nada tenhamos a ver com essas questões, está na verdade tentando nos manipular.

E o antídoto desse comportamento vitimista é seguir o que diz o coração, que é a origem da criatividade, de onde surge e por onde ultrapassa as fronteiras da mente. Se o dom de Círculo é o amor incondicional, a criatividade intuitiva e incondicional é seu sustento, porque tem o fio de Ariadne que une o coração à consciência.

ALGUNS CÍRCULOS FAMOSOS

- **Charles Chaplin.** Um exemplo evidente de Círculo é o ator que interpretou o popular personagem Carlitos. Em meio a duas guerras mundiais, decidiu proporcionar um sopro de ar fresco à humanidade criando um personagem afetuoso, cheio de humor e amor. Levou risos e sorrisos a uma época de tristeza, e esse propósito lhe proporcionou prosperidade econômica, já que foi o ator de sua época que assinou os contratos mais lucrativos ao se transferir de uma produtora para outra. A prosperidade financeira foi uma consequência da riqueza que levou à humanidade.

- **Gandhi.** Esse é outro ser humano que conquistou o céu, mas com a resistência pacífica. Como líder dos movimentos pela independência da Índia, aplicou o *ahimsa*, a não violência, como estilo de vida sem renunciar à desobediência civil. Rabindranath Tagore deu a ele a alcunha de Mahatma, que significa "grande alma". Além de inspirar milhões de pessoas e de protestar com suas greves de fome, estimulou iniciativas civis como a marcha do sal, uma ação contra os impostos que os colonizadores cobravam sobre esse produto essencial para os indianos. Gandhi e milhares de seguidores caminharam trezentos quilômetros até a costa do Índico. Ali o líder recolheu com as próprias mãos um pouco de sal e pronunciou suas palavras históricas: "Podem quebrar meu punho, mas não se devolve o sal."

- **Martin Luther King.** Este pastor, ícone dos direitos civis da população negra dos Estados Unidos, é outro exemplo de Círculo combativo, movido pelo amor. Promoveu o boicote contra empresas de ônibus que exerciam a segregação racial e liderou a mítica passeata de 1963, em Washington, ao fim da qual pronunciou suas famosas palavras: "Eu tenho um sonho." Em 1964 recebeu o Nobel da Paz e, nesse mesmo ano, a maior parte dos direitos que reivindicava foi aprovada por lei. Assassinado quatro anos depois, sua figura continua sendo um exemplo para todos os idealistas que sonham em contribuir para um mundo melhor.

- **Madre Teresa de Calcutá.** Agnes Gonxha Bojaxhiu dedicou mais de 45 anos da vida a ajudar os pobres, órfãos e moribundos de Calcutá e depois levou sua ordem a outras partes do mundo. Também ganhadora do Nobel da Paz, era consciente do poder de Círculo em qualquer campo de atuação. Como ela mesma disse: "Nem sempre podemos fazer grandes coisas, mas podemos fazer coisas pequenas com grande amor." Na mesma linha de pensamento, declarou: "Às vezes sentimos que o que fazemos é apenas uma gota no mar, mas o mar seria menor se lhe faltasse essa gota."

TESTE DE RECONHECIMENTO

Escolha uma das três opções para cada uma destas afirmações:

1. Quando alguém próximo tem um problema...

   a) Pode procurar você para falar sobre ele.

   b) Não vai escolhê-lo como confidente; você não é um lenço para enxugar lágrimas.

   c) Você se preocupa com a pessoa, então entra em contato para saber o que está acontecendo.

2. Se você está em um jantar ou outro tipo de encontro a dois e resta sobre a mesa apenas uma fatia de uma torta de que gosta muito...

   a) Você a divide na metade.

   b) Se o outro não toma a iniciativa de pegá-la, você devora a fatia.

   c) Você a oferece, mesmo se arriscando a ficar sem ela.

3. Quando toma consciência do sofrimento existente no mundo...

   a) Você relativiza: há muito o que resolver, mas também há coisas boas.

   b) Você afasta esse pensamento e se concentra em você mesmo.

   c) Você se angustia e sente que deveria fazer mais.

4. A opinião dos outros sobre você...

   a) Eu considero, mas são apenas opiniões.

   b) Não me importa em nada.

   c) Causa um grande impacto em como me sinto.

5. Em relação a seus medos...

   a) Eles só me afetam quando enfrento algo grave.

   b) É muito raro que eu sinta medo.

   c) São parte do meu dia a dia. Estão sempre presentes.

Cada "a" soma 10%, cada "b", 0%, e o "c", 20%. Some todos os resultados e encontre seu percentual de Círculo. Se for muito alto, ele pode ser seu geniotipo.

6
Retângulo
Esforço e constância

A figura geométrica que identifica este geniotipo indica que seu talento está muito assentado na terra. Ele tem o dom do pragmatismo: não complica a vida e a torna mais fácil para as outras pessoas pelo trabalho que desempenha.

O propósito de Retângulo é o trabalho pesado, por meio da constância e da austeridade. Seu modo de entender a vida o torna um trabalhador excelente para receber ordens e realizar tarefas repetitivas ou minuciosas, como as de operários, mecânicos, camponeses, agricultores, pescadores, criadores de gado ou motoristas. Em geral, este geniotipo representa trabalhadores do campo que levam uma existência simples, com rigor e felicidade.

Entre seus recursos, destacam-se os seguintes:

- O valor do esforço. Se entende com clareza qual é sua missão, Retângulo é capaz de erguer uma catedral. Um de seus dons é seguir em frente quando os outros hesitam.

- A constância. Talvez ele não seja reconhecido por suas ideias geniais, porém sua capacidade de perseverar vai levá-lo mais longe que gênios mais disruptivos. Na fábula atribuída a Esopo, Retângulo seria a tartaruga que ganha a corrida da lebre.

- Ele é capaz de se entregar a tarefas repetitivas, que não motivam a maioria das pessoas, sem desanimar nem propor ir além.
- Ele sabe ser austero, o que é uma grande vantagem em tempos de crise. Como dizia Francisco de Assis: "Preciso de pouco, e do pouco de que preciso eu preciso pouco."

A FELICIDADE DO QUE É SIMPLES

Retângulo não se preocupa com coisas muito transcendentais, porque está de acordo com o que faz e isso lhe proporciona satisfação suficiente. Além disso, ele não precisa de mais do que já tem. Por ser um geniotipo basicamente mental, tem as ideias muito claras, mas não procura impô-las: não precisa que sua verdade seja aceita pelos outros. A ele basta ser dono da própria verdade.

Ele pode se abrir a novas ideias se forem discutidas, mas Retângulo não se interessa pelo mundo do abstrato, e apenas se preocupa com as demandas do dia e em cumprir com suas obrigações.

Fisicamente, às vezes pode ser corpulento e intimidador, mas sua essência é bondosa e nobre.

A grandeza deste geniotipo é que sua aspiração não é se destacar, uma vez que é feliz com o que tem e com o que faz. Por isso, nunca vai ocupar um alto cargo político ou militar, nem será um diretor (falta a ele a astúcia para isso), mas o lema de não complicar a vida sempre lhe garantirá boas noites de sono. Quando surge um contratempo, o enfrenta de forma prática, e sua mentalidade trabalhadora, confortável e de curto prazo o protege muitas vezes da ansiedade e da depressão profunda, porque é muito convicto do que pensa e o aceita com praticidade e sem alarde.

Em geral, Retângulo não se sente diminuído em certas funções e se adapta facilmente a qualquer circunstância. É um tipo de perfil imprescindível para que a humanidade funcione corretamente. Além disso, seu espírito austero é minimalista e perfeitamente capaz de adotar o que postula o *Manifesto de reducción de marcha* [Manifesto de redução de ritmo], de Tracey Smith; todo um referencial de *downshifting* (desaceleração do estilo de vida) baseado nas chaves que a autora explica da seguinte forma:

- **Dinheiro.** O equilíbrio está baseado em viver com a renda que se tem. Na cultura doentia de viver a crédito, quanto mais gastamos, mais temos que trabalhar para pagar a dívida. E essas centenas, milhares de horas são nossa vida. Afinal de contas, o melhor da vida está a nossa disposição gratuitamente. Se quisermos estabelecer uma relação saudável com o dinheiro, não podemos gastar mais do que temos.

- **Tempo.** Para que você quer acumular zeros em sua conta bancária, propriedades e serviços se não tem tempo para utilizá-los? Não há moeda mais valiosa que o tempo com que fomos presenteados para viver e compartilhar com as pessoas que amamos.

O DESENVOLVIMENTO DE RETÂNGULO

Este geniotipo fica muito à vontade em sua zona de conforto, na qual desenvolve todo o seu pragmatismo e capacidade de esforço. Por isso mesmo, se ele deseja crescer, deve ultrapassar a fronteira e entrar em terreno desconhecido.

No início, se faz isso, pode sentir medo e se arrepender de ter saído de sua bolha. Porém, se resiste por tempo suficiente, vai se surpreender com quantas coisas estava perdendo. Como o protagonista de *O show de Truman*, filme protagonizado por Jim Carrey e inspirado em um romance de Philip P. Dick, acaba por ter a sensação de que sua vida anterior estava voltada a satisfazer "o público".

É perfeitamente normal que ele não se atreva a dar o salto de uma vez só, mas há pequenas ações que pode realizar gradativamente para ampliar seu mundo. Algumas delas são:

- Ler um livro de um autor ou sobre um tema que não conheça.
- Aprender a tocar um instrumento ou começar a estudar um idioma; fazer algo que o atraia, mas que, até o momento, nunca havia pensado que fosse para ele.
- Conhecer pessoas de fora de seu círculo de amizades.

Em resumo: se Retângulo faz algo que nunca faria, suas linhas rígidas vão começar a se abrir para novas áreas que vão enriquecê-lo e levarão magia para sua vida.

A MONOTONIA DA COMODIDADE: A SOMBRA DE RETÂNGULO

Assim como indica sua figura, o grande risco de Retângulo é ficar preso em uma moldura rígida, em um universo tão pequeno que nele existam apenas o trabalho e as obrigações. Nessa religião da monotonia operam mantras como "A vida é assim", "O que você quer? É preciso trabalhar" ou "Isso é o que temos", como se só fosse possível progredir à base de sorte, suor e lágrimas.

Se tem ao seu lado uma pessoa criativa, a sombra projetada por Retângulo pode também apagar a luz dela e arrastá-la para seu pequeno universo de trabalho monótono e resignação.

Esse aspecto negativo de Retângulo pode fazer com que se perca e não aproveite a vida. Perceber que há vida fora de suas quatro paredes é o antídoto contra esse perigo.

ALGUNS RETÂNGULOS

Por definição, os Retângulos não são famosos, já que sua austeridade e discrição raramente os levam aos holofotes. Entretanto, vou dar dois exemplos para compreender sua excelência.

- **Os operários do Taj Mahal.** Mais de vinte mil pessoas trabalharam, durante cinco anos, na construção mais bela já erguida. Pedreiros, escultores, calígrafos, carpinteiros... Uma legião de Retângulos erigiu esse belo mausoléu com constância e amor pelo trabalho bem-feito. Seu trabalho foi tão extraordinário que, diz a lenda, o imperador mongol que os havia contratado mandou cortar as mãos dos operários, depois de terminada a obra, para que não pudessem repetir aquela maravilha em nenhum outro lugar.

- **Elzear Bouffier.** Não é um personagem real, mas muitos leitores acreditaram que ele existiu quando leram, no século passado, *O homem que plantava árvores,* escrito por Jean Giono. O livro conta a história de um pastor que, depois de ficar viúvo, se propõe a, sozinho, transformar um vale desértico em um frondoso bosque. Ao longo dos anos, vai fazendo buracos com seu cajado para deixar cair as sementes que leva em seu bolso. Trata-se de uma bela história que demonstra o grande poder de Retângulo quando dedica seu talento a uma boa causa.

TESTE DE RECONHECIMENTO

Escolha uma das três opções para cada uma destas afirmações:

1. Para você, o trabalho é...

   a) A principal razão da vida, embora algumas pessoas não vejam isso. É o que temos.

   b) Só uma parte da existência: é preciso equilibrá-lo com o lazer e o descanso.

   c) Um mal que, se possível, deve ser evitado.

2. Aquilo que conseguimos com esforço...

   a) É o que mais tem valor na vida.

b) Nem sempre vale a energia que dedicamos.

c) Só pode ser ruim.

3. Quando dão a você uma ordem aparentemente absurda...

   a) Eu cumpro, é minha obrigação.
   b) Eu a questiono para entendê-la.
   c) Faço o possível para não cumpri-la.

4. Quando sobra um pouco de dinheiro...

   a) Eu guardo imediatamente. Nunca se sabe quando ele será necessário.

   b) Guardo uma parte e com a outra me permito um capricho.

   c) Gasto com algo de que gosto. A vida é para ser vivida.

5. Minha maior satisfação no fim do dia é...

   a) Ter feito o que tinha que fazer.

   b) Ver que encontrei o ponto de equilíbrio entre as necessidades dos outros e as minhas.

   c) Ter feito as coisas à minha maneira.

Cada "a" soma 20%, cada "b", 10%, e o "c", 0%. Some todos os resultados e encontre seu percentual de Retângulo. Se for muito alto, ele pode ser seu geniotipo.

7
Pentágono
Cuidar e curar

A figura geométrica que representa este geniotipo foi adotada pelos seguidores de Pitágoras no século VI a. C. para simbolizar a saúde. Por isso, não é estranho que o propósito de Pentágono seja curar os outros ou aprimorar sua vida por meio de melhorias técnicas e avanços da ciência.

Este é o geniotipo típico dos médicos, terapeutas e profissionais de saúde, assim como dos cientistas, inventores e pesquisadores. Ele ocorre em pessoas com grande empatia em relação aos problemas dos outros e que também demonstram força de vontade e curiosidade insaciáveis. Pentágono sempre procura respostas imaginando e pesquisando possíveis opções alternativas, porque tem consciência de que ainda há muitas descobertas a serem feitas.

Entre as capacidades inerentes a este geniotipo podemos destacar as seguintes:

- Sua compaixão com os outros e suas dificuldades. É justamente isso que motiva Pentágono ao ser proativo e buscar sempre novas soluções. Sua vocação para ajudar o mundo o torna um super-herói.

- Espírito visionário. Pentágono não se conforma com o conhecimento existente e sempre quer ir além, ainda que possa ser chamado de louco.

- Equilíbrio dinâmico entre coração e mente. Isso se traduz no fato de que Pentágono é um ser humano de grande riqueza interior, porque, ao combinar o racional com o intuitivo, cria uma visão da vida aberta a novos paradigmas.

VOCAÇÃO, COMPAIXÃO E PAIXÃO

Uma das características de Pentágono é ter vocação. Uma pessoa não se torna cirurgiã, astronauta ou cientista por capricho. Esse é um propósito que ela carrega no DNA. Muitas crianças desde muito cedo querem ser médicas e acabam sendo. Não há dúvida de que Pentágono, apesar de seu poderoso aspecto racional, costuma seguir sempre o que dita sua emoção, o que sente.

Este geniotipo se dedica a cuidar e a mimar o resto das pessoas, para melhorar a qualidade de vida delas em todos os âmbitos. Ele se preocupa com os seres humanos e o bem-estar deles, apresentando uma compaixão infinita, e canaliza sua genialidade pela paixão, na qual mente e coração trabalham juntos. A intelectualidade de Pentágono lhe possibilita defender com eficácia seu ponto de vista, e sua mente está aberta a novas possibilidades. Essa é a forma pela qual este geniotipo floresce: por flutuar entre os dois polos, libera todo o seu potencial, o que lhe permite avançar para o futuro.

Como Albert Einstein, há quase um século, conseguiu descobrir coisas que hoje em dia ainda estamos tratando de compreender? Ou, se retrocedermos um pouco mais, como Leonardo da Vinci podia imaginar e construir máquinas para voar seiscentos anos antes de serem inventadas? Nos dois casos, a resposta é que em seu coração intuíam que essa possibilidade era real. O conhecimento, a técnica ou os materiais da época talvez não tenham permitido que demonstrassem suas ideias, mas em sua imaginação não havia limites. Esse é um dos dons mais valiosos de Pentágono.

Seu fogo permite que se entregue com plena dedicação, sem horários nem limites. Bons exemplos disso foram os profissionais de saúde durante a crise de Covid-19, ou pessoas como o médico e cientista espanhol Santiago Ramón y Cajal e sua paixão pela pesquisa. Para Pentágono, as horas trabalhadas nunca são demais quando se trata de desenvolver seu talento. Vemos isso quando médicos dobram o turno, em cirurgias que duram muito mais horas que as previstas, ou em cientistas que estão trabalhando em algo apaixonante: eles se esquecem da vida e fazem do trabalho o centro de seu universo. Quando este geniotipo entra em ação, se esquece de comer ou de descansar.

Pentágono tem a fascinação do arqueólogo ao descobrir restos mortais que contam uma nova história, em que os outros vemos apenas pedras. Por isso, só é possível entender este geniotipo pela paixão, que mobiliza todo o seu talento, o que o faz se sentir realizado e pleno.

O DESENVOLVIMENTO DE PENTÁGONO

Para a evolução otimizada deste geniotipo, é preciso equilibrar coração e mente em partes iguais, de modo que a mente possa questionar o que mais há para descobrir além do evidente e que o coração possa criar opções para transcender.

Por exemplo, o intelecto não pode afirmar com certeza total que existe vida extraterrestre, porque não se pôde demonstrar isso. Entretanto, o coração intui que é possível, o que explica a existência de projetos como o SETI, o programa de busca de inteligência extraterrestre no qual foi investida uma quantidade enorme de talentos e recursos.

Para seu bom desenvolvimento, Pentágono precisa sempre inovar e quebrar paradigmas. Muitas vezes, na consciência deste gênio, existem coisas que o restante dos mortais vai demorar a ver. Como dizia Júlio Verne, "Qualquer coisa que um ser humano puder imaginar, outro ser humano pode tornar realidade". Assim funciona a mente de Pentágono, e podemos ver isso em vários exemplos: Bell antecipou o telefone; Edison, a lâmpada elétrica (e o cinema), entre outras coisas; Fleming, a penicilina; Sigmund Freud, a psicanálise; Rutherford, o núcleo atômico; Lise Meitner, a fissão nuclear; Hawking, os buracos negros etc. Também temos exemplos menos transcendentais, mas igualmente imprescindíveis, como Logie Baird e a televisão, Melitta Bentz e o primeiro filtro de café, Baldwin e a calculadora, ou Konrad Zuse e o primeiro computador.

O processo começa com a consciência de que algo já existe, mesmo que os outros não possam vê-lo. O átomo sempre esteve aí, os buracos negros sempre estiveram aí... mas nossa limitação mental não permitia que os discerníssemos. A genialidade de Pentágono está justamente em tornar as coisas visíveis e possíveis, e para isso ele precisa que a intuição e a razão andem juntas. O coração indica a direção, e seu conhecimento racional permite percorrer o resto do caminho. Quando está ajustado e equilibrado, este geniotipo administra a vida sem o menor problema, pois tem a inteligência emocional necessária para encontrar soluções para seus próximos desafios, desde que não caia na armadilha da intelectualidade e da prepotência.

É muito comum um Pentágono herdar o talento de outro. Muitos filhos de médicos, por exemplo, também decidem seguir nessa profissão. Mas a escolha deve ser feita por livre e espontânea vontade, motivada por admiração ao progenitor ou progenitora, e não por imposição. Um Pentágono saudável sabe conquistar a admiração dos outros sem esforço, pois é uma pessoa de grande virtude e capaz de compreender os aspectos ocultos da vida, assim como de revelar o mistério das grandes e pequenas coisas do dia a dia.

Para seu desenvolvimento e o de seus filhos, Pentágono não pode obrigar os outros a ser como ele, como uma imposição ou uma regra, pois o propósito de vida deste geniotipo é justamente quebrar as regras.

DESATENÇÃO COM A VIDA: A SOMBRA DE PENTÁGONO

Além da armadilha da intelectualidade, que pode torná-lo rígido e arrogante, quando este perfil se deixa levar pela paixão desenfreada pode chegar a se desconectar da vida. É necessária alguma ordem para o progresso acontecer, e uma existência caótica, na qual a obsessão pelo trabalho anule todos os outros aspectos da vida, vai acabar prejudicando o rendimento e o equilíbrio deste geniotipo. Encontrar a harmonia entre sua paixão e hábitos saudáveis na vida cotidiana é um de seus maiores desafios.

Por essa razão, é muito útil para Pentágono ter a seu lado uma pessoa pragmática que o lembre de manter os pés no chão, como veremos na seção de relacionamentos. Quando este geniotipo se entrega a sua causa plenamente, sem horário para refeições ou descanso, a desordem pode afastá-lo de seus entes queridos, e sua paixão pode se converter em obsessão.

Além disso, atingir um equilíbrio é imprescindível porque, se isso não ocorre, a paixão o conduzirá ao caos, enquanto o intelecto o levará à soberba, o que fechará portas para descobrir os mistérios da vida e encontrar melhores maneiras de cuidar dos outros. A arrogância ou a obsessão por obter cada vez mais reconhecimento gera um temperamento egocêntrico, prepotente, déspota e autoritário. Ao se tornar cego por sua intelectualidade e por seu modo de compreender as coisas, Pentágono causa muita dor, insatisfação e sofrimento, tanto para si quanto para as pessoas que o cercam, porque ele está distante de cumprir seu verdadeiro propósito: facilitar a vida dos outros.

ALGUNS PENTÁGONOS FAMOSOS

- **Leonardo da Vinci.** Este pesquisador multidisciplinar é um dos Pentágonos mais geniais da história. Não apenas dominava as artes plásticas, mas como inventor concebeu projetos que anteciparam o tanque de guerra, o submarino e até o helicóptero. Muitos aparatos não puderam ser construídos em sua época, no entanto a história demonstrou que suas ideias estavam corretas.

- **Marie Curie.** Foi a primeira pessoa a receber dois prêmios Nobel em duas categorias diferentes, física e química. Suas pesquisas pioneiras em radiologia representaram um avanço exponencial para a medicina. Faleceu aos sessenta anos devido à radiação à qual se expunha diariamente, mas, como ela mesma disse: "A melhor vida não é a mais longa, e sim a mais rica em boas ações."

- **Nikola Tesla.** Gênio incompreendido em toda a amplitude da palavra, suas invenções não tinham fim, e ele originou inclusive a atual tecnologia da internet. Criou o primeiro rádio, embora, após um incêndio misterioso em seu laboratório, a patente tenha sido apresentada por Marconi. O controle remoto foi outra de suas dezenas de propostas técnicas que se tornaram realidade na atualidade.

- **Albert Einstein.** Suas famosas fotografias com o cabelo despenteado expressam a essência da genialidade, em seu caso, do perfil Pentágono. Apesar de sua grande paixão pelo violino, ele é conhecido por criar teorias sobre a física impensáveis para seu tempo, como a da relatividade. E o mais assombroso de tudo é que ele mudou o curso da ciência escrevendo artigos enquanto era funcionário em um escritório de patentes suíço.

TESTE DE RECONHECIMENTO

Escolha uma das três opções para cada uma destas afirmações:

1. As coisas são como são...

   a) Às vezes não tem jeito, mas às vezes há opções.
   b) Por mais que nos empenhemos para que sejam diferentes.
   c) Até que se demonstre o contrário.

2. Seu objetivo de vida ocupa...

a) Uma parte do dia; a outra dedico a minha vida pessoal.

b) Não tenho um objetivo especial na vida.

c) Todo o meu tempo, mas não é nenhum esforço. É minha paixão.

3. Quando faz algo que interessa a você...

a) Fico feliz com a tarefa até me cansar e deixá-la de lado.

b) Dedico a ela o tempo necessário.

c) Sinto que me absorve como um buraco negro. Não posso nem quero sair.

4. Ao ouvir alguém dizer que algo não existe ou é impossível...

a) Tomo isso como uma verdade provisória. Talvez mais à frente se prove o contrário.

b) Costumo acreditar na pessoa, pois ela deve saber o que diz.

c) Eu questiono. Sinto vontade de provar o contrário.

5. Em relação a suas necessidades corporais (comer, descansar, asseio)...

a) Tento manter bons hábitos, mas nem sempre consigo.

b) São prioridade para que eu me sinta bem.

c) São relativas, e às vezes menos importantes do que o que estou fazendo.

Cada "a" soma 10%, cada "b", 0%, e o "c", 20%. Some todos os resultados e encontre seu percentual de Pentágono. Se for muito alto, ele pode ser seu geniotipo.

8
Losango
Abraçar o transcendental

A figura geométrica que representa este geniotipo é formada por dois triângulos, um virado para cima e outro virado para baixo. Essa é a essência de Losango: o que está em cima está embaixo, a união do céu e do inferno, vida e morte.

O propósito de Losango é conectar esses extremos e ajudar os outros a realizar ou compreender esse movimento. Isso não significa que este perfil sinta prazer com o que é trágico, mas que ele tem o dom de compreender que a vida é um ciclo e que, para realizar nossa última viagem, precisamos de mais amor que nunca. Portanto, todo o potencial de Losango está no coração e não na mente.

Enquanto o ser humano tende a fugir das emoções que não compreende, Losango as põe diante de nós para que as reconheçamos. Um dos grandes dons deste geniotipo é compreender a raiva, a ira, o ódio e outros sentimentos porque não os teme, e é capaz de encará--los sem medo nem rejeição.

Para mim, este é o geniotipo mais fascinante de todos, e pertence a quem nos acompanha em nossa última viagem, às pessoas que cuidam do transcendental e do esotérico, a médiuns e videntes, a alguns artistas e a terapeutas de cuidados paliativos.

Entre suas capacidades principais, observamos as seguintes:

- Uma poderosa compaixão para acompanhar os outros a lugares onde impera a dor, o medo ou a incerteza.

- Sua compreensão dos meandros mais sombrios e desconhecidos da alma humana. Seja pela arte ou como facilitador, Losango ilumina áreas que outros nem se atrevem a olhar.

- Capacidade para perceber o que existe além do visível. Seu potencial é muito mais sensível que o do resto da humanidade.

- Sabe encontrar beleza no que para os outros não é belo.

UMA CRIANÇA DIFERENTE

Este geniotipo tem uma evolução difícil nas primeiras fases da vida, já que desde a mais tenra infância respira, vê e capta coisas que passam despercebidas para os outros. Essa sensibilidade vai ser a grande luta de Losango. Ele vai perceber muito cedo que é diferente e vai manter suas percepções em segredo para não virar motivo de piada.

Ao proteger sua intimidade em uma idade tão precoce, Losango não tem consciência de que também reprime o talento que o torna único entre os demais: sua capacidade de ver além do evidente. Por isso, se os pais não são conscientes das habilidades extraordinárias de Losango e não o acompanham no desenvolvimento de seu potencial, ele vai se perder em sua mente e travar uma grande batalha interna entre o que sente e o que lhe disseram que não pode ser. Se ele não administra seu dom de forma amorosa e organizada, pode cair nos temores da superstição e ver mais coisas do que realmente existem.

Um exemplo evidente disso são as pessoas obcecadas por todo tipo de ritual (bater na madeira, sair da cama com determinado pé etc.) para que sua vida funcione, e que podem acabar desenvolvendo

TOC (transtorno obsessivo-compulsivo). Ao situar o poder fora de si mesmo, Losango se desempodera. É muito bonito acender incensos ou velas para meditar ou em nossos rituais pessoais. O problema é quando há uma interpretação extraordinária de que tudo o que acontece tem a ver com mau-olhado, inveja, ciúmes, pendências de antepassados ou feitiços de qualquer tipo. Nesses casos, sua capacidade de ver além do evidente se mistura com a mente, que tenta dar um enfoque lógico ao que não é, vê coisas onde elas não existem.

Tirando esse problema, Losango conta com uma grande vantagem sobre o resto das pessoas. É que, apesar de muitas vezes ser tratado como excêntrico, na verdade excêntricos são os outros por temerem a morte, que também faz parte do ciclo da vida.

O tabu da morte em nossa sociedade faz com que a formação da criança Losango seja difícil e traumática, e isso pode resultar em uma puberdade cheia de incompreensão, melancolia e solidão.

Por não poder compartilhar facilmente o que vive e sente (seu fascínio e atração pela noite, pelo sombrio e tenebroso ou o Além), Losango pode se sentir atraído pelo que é macabro e sinistro. Entretanto, se ele conhece e expressa seu dom, vai viver com naturalidade saudável: vai se dar ao prazer de passear, estudar ou ler em cemitérios, vai se interessar pelas artes mais secretas ou pela poesia e o mundo gótico. É possível que goste de roupas pretas e tatuagens de caveira, de filmes e romances de terror, das feiras relacionadas com o ocultismo, do esotérico ou de bruxaria etc. A missão deste geniotipo é projetar seu dom sobre a humanidade em vez de se fechar em sua cripta.

O DESENVOLVIMENTO DE LOSANGO

Este é um geniotipo extremamente criativo e sensível, com a particularidade de sentir tudo em um nível muito profundo. O mais importante para o desenvolvimento deste perfil é ter liberdade e confiança em si mesmo: liberdade para poder escutar o coração, perceber e criar, e confiança para aceitar seu dom e entregá-lo ao mundo.

As criações de Losango almejam uma estética e uma beleza pouco comuns, mas quando elevadas a um gênero popular são recebidas como obras-primas. Por exemplo, as obras de Stephen King, os filmes de Tim Burton ou, antes disso, o romance *Drácula*, de Bram Stoker, são verdadeiras joias, porque nos ajudam a entender toda a profundidade e a complexidade que vivem em nós. Além de recriar realidades ocultas ou de ser como um barqueiro entre duas margens, Losango pode se tornar um excelente psicólogo ou psiquiatra, capaz de penetrar nos labirintos da mente. Como apontamos, ele precisa de autoestima para entender que suas habilidades são de extrema importância para o resto dos seres humanos. Losango pode nos fazer companhia nos momentos mais dolorosos e nos ajudar a encontrar o caminho de volta quando nos sentimos muito perdidos. Em processos de desintoxicação, acaba sendo muito útil, porque já se sentiu atraído pelos excessos e pode ajudar os outros a deixá-los. No campo da medicina, são os melhores legistas e, no da enfermagem, escolhem cuidados paliativos para acompanhar os pacientes no trecho final de suas vidas.

Tenho um parente que trabalha em um lar de idosos e, quando uma pessoa falece, ele gosta de ficar uma ou duas horas com ela conversando e cuidando dela. Parece estranho, não? Isso é Losango em estado puro. Essa é sua genialidade.

Em seu estado saudável e desenvolvido, este geniotipo sabe fazer companhia em momentos de dor, quando o resto das pessoas costuma se afastar. E ele só pode fazer isso a partir do mais alto nível de amor que existe: a compaixão. A influência de Losango é infinita porque sua mente contribui com conhecimento, e o coração, com transcendência, que é o grande dom deste geniotipo. E, como certamente ele foi um ser incompreendido, às vezes até marginalizado, a partir de sua experiência pode compreender as situações mais difíceis e ajudar os outros a superá-las. Se Losango não põe em prática a transcendência que o caracteriza, não vai se sentir realizado.

Em meu primeiro livro, *Los secretos para dejar de sufrir* [Os segredos para parar de sofrer], descrevi o caso de uma enfermeira que gostava de seu trabalho, mas havia alguma coisa que não se encaixava bem. Logo ela descobriu que era um Losango, e se reconhecer neste geniotipo lhe trouxe alívio, pois ela achava que era louca por sentir necessidade de cuidar dos doentes terminais. Ao identificar seu geniotipo, ela decidiu se tornar enfermeira de cuidados paliativos, e assim pode compartilhar e manifestar todo o seu talento. Ela me dizia de brincadeira: "Tony, como eu me sinto feliz entre os mortos."

Para seu desenvolvimento, Losango deve compreender que suas habilidades são extraordinárias e não se sentir estranho, nem achar que está louco. Seu amor é silencioso, profundo e compassivo.

DIFICULDADE PARA SE ENCAIXAR: A SOMBRA DE LOSANGO

Losango é um dos geniotipos que mais sofrem com a falta de educação emocional que impera em nosso sistema, o que faz com que se isolem antes que sejam rejeitados, convertendo-os em pessoas muito cerebrais quando não são. Em muitas de minhas sessões, pude comprovar que este perfil costuma pensar que algo em sua cabeça não funciona bem, porque é atraído pela morte ou pelo transcendental. Quando ele não toma consciência de seu dom, na mente deste geniotipo podem aparecer imagens mórbidas de cadáveres, assassinatos ou torturas. Isso não significa que ele esteja doente, mas que ainda não encontrou a maneira de canalizar seu dom.

E aí está um dos maiores problemas psicológicos de Losango: até tomar consciência de seu talento, ele vai tentar lutar contra seus pensamentos sombrios, e lembremos o que dizia Carl Gustav Jung sobre isso: "Aquilo que você aceita o transforma; aquilo que você nega o submete." Em casos extremos, isso pode levá-lo a pensar na pior solução. Nessa situação, vai ser de grande ajuda a intervenção de um Losango experiente, que o ajude a lidar com seu dom em vez de se deixar levar pela autodestruição. Na verdade, a essência deste geniotipo é transcender a morte, e ele consegue isso por meio de sua valentia, sua criatividade e seu amor.

ALGUNS LOSANGOS FAMOSOS

- **Bela Lugosi.** Seu nome húngaro de nascimento era Blaskó Béla Ferenk Dezsö, e ele ficou famoso por interpretar em diversas ocasiões o papel de conde Drácula. Dizem que a identificação que sentia com esse personagem era tamanha que dormia dentro de um caixão. Quando morreu, em Los Angeles, em 1956, foi enterrado por sua família vestido de vampiro. Diz a lenda que, antes de cobrirem o caixão de terra, viram um morcego sair da cova.

- **Elizabeth Kübler-Ross.** Esta psiquiatra suíço-americana dedicou a vida a acompanhar pessoas no leito de morte. Suas experiências a levaram a escrever clássicos como *A morte: um amanhecer*. Devemos a ela, entre outras coisas, a definição das cinco etapas do luto: negação, ira, negociação, depressão e aceitação. Apesar de ter feito da passagem à morte seu propósito, era uma mulher com profundo entusiasmo pela vida. Em suas próprias palavras: "Viva de forma que, ao olhar para trás, você não lamente ter desperdiçado a existência. Viva de forma que não lamente as coisas que fez, nem deseje ter agido de outra maneira. Viva com sinceridade e plenamente. Viva."

- **Madame Blavatsky.** Pioneira do ocultismo como o entendemos hoje, nascida em 1831, ela adentrou territórios que ninguém tinha se atrevido a visitar. Além de fundar a Sociedade Teosófica, publicou obras fundamentais do esoterismo como *Ísis sem véu* e *A doutrina secreta*. É autora de reflexões tão inquietantes quanto a seguinte: "A mente é a grande destruidora do real. Que o discípulo destrua o destruidor."

- **Stephen King.** Sem dúvida nenhuma é o autor de histórias de terror mais genial da atualidade, e seu nome foi muitas vezes sugerido para o Nobel. Além de ter publicado mais de sessenta romances, alguns deles foram adaptados para o cinema e resultaram em filmes tão famosos quanto *Carrie, a estranha, O iluminado* e *Louca obsessão*. Como o Losango bem desenvolvido que é, soube explicar para todos os públicos os lugares mais sombrios da alma humana. Ele antecipou a pandemia da Covid-19 em seu romance *A dança da morte*, publicado em 1978. Além disso, esta frase é dele: "Quando encontrar algo em que é talentoso de verdade, se dedique a isso até seus dedos sangrarem ou seus olhos saltarem de sua cabeça." Não pode haver uma definição mais Losango do talento.

TESTE DE RECONHECIMENTO

Escolha uma das três opções para cada uma destas afirmações:

1. Roupa preta...

   a) É a que uso quase que exclusivamente.

   b) Não me desagrada em nada.

   c) Não gosto tanto. Prefiro usar algo colorido.

2. Para mim a morte é...

   a) Irmã da vida. Me parece a coisa mais natural.

   b) Um fato que vai chegar, mas que seja o mais tarde possível.

   c) Algo em que não gosto de pensar.

3. Quando passa um filme de terror...

   a) Gosto se é bem-feito, mesmo que seja forte.

   b) Só vejo se me recomendarem muito.

   c) Mudo de canal e não assisto.

4. Tenho facilidade para intuir as emoções dos outros...

   a) Sim, gosto de captá-las.

   b) É difícil. Às vezes não sei interpretá-las.

   c) De jeito nenhum, não tenho intuição.

5. Sobre o sentido da vida...

   a) Não é simples. Nem tudo é o que se vê.

   b) Está ao longo do caminho.

   c) É a própria vida. Cada dia é um presente.

Cada "a" soma 20%, cada "b", 10%, e o "c", 0%. Some todos os resultados e encontre seu percentual de Losango. Se for muito alto, ele pode ser seu geniotipo.

Estrela
Talento superlativo

Para os hebreus, a figura que representa o último geniotipo simbolizava a verdade, e a chamavam de Selo de Salomão. Na Grécia Antiga, a estrela de cinco pontas se chamava *pentalfa*, por ser formada por cinco ases que expressam a excelência.

Essa é a marca do gênio inato e, fazendo jus a seu símbolo, seu objetivo na vida é brilhar com luz própria. Mas cuidado, porque é possível ser uma estrela e acabar caindo. Dependendo de como Estrela administrará seu talento, ele pode iluminar o mundo ou acabar como um brinquedo quebrado.

De qualquer forma, a missão como ser humano de Estrela é deixar sua marca e se transformar em referência universal. Entre suas capacidades, podemos destacar as seguintes:

- A grande facilidade para desenvolver seu talento faz parecer que nada lhe dá trabalho. Ele flui de forma tão harmônica com seu gênio que dá a impressão de que nasceu para fazer isso (o que é verdade).

- Irradia luz a sua volta e tem o dom de dissipar as sombras do estado de espírito dos outros. É um verdadeiro farol de esperança.

- Quando trabalha em grupo, faz com que os outros sejam melhores. Seu imenso talento desperta as capacidades daqueles com quem interage para alcançar um objetivo. Uma amostra disso seriam as grandes estrelas do esporte ou do rock.

DO OUTRO LADO DO MEDO

Honrando seu nome, este geniotipo nasce com uma poderosa luz.

São aquelas crianças prodígios que identificam seu talento sem o menor esforço, porque logo ao nascer já o demonstram.

Por isso, seu propósito surge de maneira natural na mais tenra idade. Entretanto, por ironia da vida, muitas vezes o caminho para o sucesso não é fácil para Estrela, porque precisa enfrentar pessoas a sua volta que tentam convencê-lo de que ele não serve para nada. Vejamos alguns exemplos que entraram para a história.

- Isaac Newton foi expulso da escola com um bilhete para os pais dizendo que seu pouco talento só lhe permitiria trabalhar em uma fazenda.

- Fred Astaire, em um de seus primeiros testes no mundo dos espetáculos, recebeu a seguinte avaliação: "Não sabe cantar, é muito careca, mas talvez possa dançar."

- Steven Spielberg não foi aceito três vezes pela Escola de Artes Cinematográficas da Universidade do Sul da Califórnia, que não viu no candidato capacidade suficiente para estudar na instituição.

- Oprah Winfrey, a rainha dos meios de comunicação nos Estados Unidos, foi despedida de seu primeiro emprego em um canal de Baltimore por considerarem que sua imagem não era "adequada para a televisão".

Na juventude, Estrela se depara com várias situações assim, e raros são os casos em que isso não acontece. Para chegar ao sucesso, a maioria teve que superar inúmeros fracassos e frustrações, mas sem nunca perder seu talento de vista. Como disse o palestrante e escritor Jack Canfield: "Tudo o que você deseja está do outro lado do medo."

O DESENVOLVIMENTO DE ESTRELA

Essa última frase oferece uma chave importante para que este geniotipo possa brilhar. Em algum momento de seu processo, Estrela vai ter que se acender, não importa o que os outros digam. Um belo exemplo disso é o caso do jogador de futebol Iker Casillas, que, em sua minissérie documental *Colgar las alas* [Pendurar as asas], conta que aos 16 anos ganhou um campeonato nas categorias de base da seleção. Ao chegar na escola no dia seguinte, a professora mandou a turma inteira aplaudir para parabenizá-lo. Em seguida, ela interrompeu os aplausos e disse a Casillas: "Tudo isso é muito legal, mas não bota comida na mesa de ninguém." Esse tipo de incompreensão vindo de personagens castradores é uma constante quando Estrela é mais jovem. Chega um momento, porém, em que sua luz se torna tão brilhante que ninguém se atreve a negá-la.

Embora não aconteça em todos os casos, é muito comum que este geniotipo tenha uma relação difícil e complicada com as pessoas a sua volta. Iker Casillas, por exemplo, afirmou ter vivido em um ambiente familiar ruim; e o que dizer de Freddie Mercury ou Michael Jackson? A família, e particularmente o pai nesses exemplos, foi um obstáculo a ser superado: ou a família não acreditava cegamente em seu talento (como o pai de Freddie Mercury) ou, no extremo oposto, queria tirar proveito do filho explorando seu dom (o caso do pai de Michael Jackson).

Essas situações fazem o geniotipo Estrela se sentir sozinho e procurar companhias que muitas vezes não são as melhores para ele. Um exemplo disso foi a vida de Maradona em sua mansão em Pedralbes, quando jogava no Fútbol Club Barcelona. Alguns jornalistas que conseguiram entrar em sua casa disseram que havia entre vinte e 25 pessoas (amigos, primos, a namorada etc.) morando ali como parasitas.

Para se desenvolver de forma saudável, o principal desafio que essa criança prodígio precisa superar é detectar os abutres e se afastar deles. Sua luz é tão evidente que todos veem nela uma oportunidade. Por isso, além de abrir suas asas, Estrela deve cultivar um olhar crítico em relação ao entorno e se concentrar em seu talento, se protegendo dos bajuladores que pretendem viver às suas custas.

SOLIDÃO E DESTRUIÇÃO: A SOMBRA DE ESTRELA

O talento de Estrela pode levá-lo, em tempo relativamente curto, ao sucesso retumbante e a uma fartura econômica exagerada. E quem está emocionalmente preparado para isso? Como administrar a influência da constante idolatria na personalidade? Existem geniotipos Estrela, como Justin Bieber, que acabam sufocados pela pressão constante do público, até cair em depressão profunda.

O ser humano deposita neste geniotipo todas as suas expectativas e o converte em herói e referência que não pode cometer o menor deslize. Entretanto, assim como todo mundo, Estrela não foi ensinado a administrar essa exigência; ele só se concentrou em investir em seu talento para chegar o mais longe possível. Nesse processo, Estrela acaba pulando etapas da vida, deixando a infância para trás muito cedo, antes de adquirir maturidade.

Não é por acaso que personalidades como as já mencionadas, Michael Jackson, Freddie Mercury e até o próprio Lionel Messi, se comportem diante de cem mil pessoas como peixes dentro d'água, mas em sua intimidade sejam tímidos. Se não têm uma estrutura familiar sólida, podem mergulhar em uma poderosa mistura de solidão e autodestruição. Janis Joplin falou sobre isso: "Toda noite faço amor com 25 mil pessoas no palco e volto sozinha para casa."

Além de admirarmos seu talento, podemos apreender de Estrela sua capacidade de se entregar de corpo e alma àquilo pelo que é apaixonado. Por exemplo, Michael dedicava muitas horas do dia para alcançar a perfeição que desejava, e Messi se mudou para longe da família ainda adolescente e teve que aplicar injeções em si mesmo para crescer.

O desejo de triunfar é um poder inquebrantável deste geniotipo; o perigo, porém, é que ele perca de vista a ordem da vida cotidiana. Estrela muitas vezes é um aluno ruim porque sua motivação vital está em outro lugar. Este geniotipo é talento puro a ponto de explodir, e isso não pode ser contido, basta apenas deixar que flua para que possa se realizar. Entretanto, enquanto isso acontece, é necessário, no caminho, se recolher na intimidade do abraço dos pais, do parceiro ou de amigos da vida toda para se proteger do endeusamento, que é o pai de todos os excessos. Estrela não nasceu para ser um deus ou um demônio; é apenas mais um ser humano que, graças a seu talento, ocupa um lugar de destaque no firmamento.

Se Estrela não tem o amor e a proteção daqueles que o amam pelo que é, e não pelo que seu talento gera, a idolatria que receber pode transformá-lo em um personagem egocêntrico, que em pouco tempo perde a perspectiva. Em seu estado doentio, este geniotipo entra em uma espiral de autodestruição e paranoia; um ciclo vicioso que pode levá-lo à ruína pessoal, à solidão e a uma rápida decadência.

ALGUNS ESTRELAS FAMOSOS

- **Mozart.** Esse menino prodígio aos quatro anos tocava minuetos e aos cinco já compunha peças dedicadas ao pai. Muito cedo começou a apresentar concertos para os círculos de aristocratas e para a realeza de toda a Europa. Mudou para sempre a música ocidental, e seu contemporâneo Joseph Haydn garantiu que a posteridade não veria um talento como o dele outra vez em cem anos.

- **Marilyn vos Savant.** Nascida em 1946, Marilyn vos Savant foi considerada pelo *Guinness World Records* a pessoa com o quociente de inteligência mais alto do mundo, embora tenha desenvolvido sua carreira como jornalista e consultora de leitores em revistas populares. Curiosamente, nunca deu valor excessivo a seu quociente intelectual. Em suas próprias palavras: "Para ter sucesso, é mais importante saber se relacionar que ser inteligente."

- **Freddie Mercury.** Boa parte do mundo pôde conhecer sua vida na biografia cinematográfica *Bohemian Rhapsody*, dirigida por Bryan Singer. Filho de uma família indiana de Zanzibar, como imigrante em Londres precisou enfrentar a incompreensão paterna e abrir caminho entre uma constelação de estrelas. A aids levou Farrokh Bulsara (seu nome de nascimento), a melhor voz do rock na história, com apenas 45 anos de idade.

- **Bobby Fischer.** Ganhou o campeonato mundial de xadrez aos 14 anos, tornando-se o vencedor mais jovem da história. No ano seguinte, quebrou outro recorde, quando foi proclamado o "grande mestre internacional" mais jovem de todos os tempos. Ao participar de um jogo de xadrez na Iugoslávia, que na época estava sob embargo, foi alvo de um mandado de busca e apreensão emitido pelo governo dos Estados Unidos. Depois de ser preso no Japão, viveu seus últimos dias na Islândia.

TESTE DE RECONHECIMENTO

Escolha uma das três opções para cada uma destas afirmações:

1. Você descobriu seu principal talento...

   a) Entre a adolescência e o início da vida adulta.

b) Ainda estou procurando.

c) Desde que me lembro, ainda criança.

2. Para você, liberar sua paixão é...

a) Questão de prática, mas estou melhorando.

b) Uma tarefa difícil, porque não sei muito bem do que eu realmente gosto.

c) Extremamente fácil. Eu fluo com ela.

3. No convívio mais íntimo...

a) Me sinto relativamente bem.

b) É como me sinto melhor.

c) Sou tímido. Para mim é muito mais fácil estar diante de uma multidão.

4. Quando seu talento gera prosperidade...

a) Sou generoso, mas só com as pessoas mais próximas.

b) Eu a administro com muita prudência; amanhã a riqueza pode deixar de fluir.

c) Costumo reparti-la com todo mundo, sem fazer contas.

5. Seu propósito é...

a) Desenvolver minha paixão, mas sem perder de vista outras coisas.

b) Ter uma vida tranquila e organizada.

c) Emocionar os outros com aquilo que amo.

Cada "a" soma 10%, cada "b", 0%, e o "c", 20%. Some todos os resultados e encontre seu percentual de Estrela. Se for muito alto, ele pode ser seu geniotipo.

Sobre o teste clínico

Antes de passar à segunda parte deste livro, quero elucidar algo importante sobre o teste que você encontrou no fim de cada um dos capítulos anteriores.

Incluí esses questionários curtos como um jogo rápido, para que você possa verificar se o geniotipo poderia ou não ser seu perfil. Entretanto, é preciso saber que essas perguntas orientadoras não fazem parte do teste clínico, muito mais elaborado e completo, que utilizamos para determinar o geniotipo de cada pessoa.

O teste clínico para os leitores deste livro está disponível em espanhol e em inglês no QR Code abaixo ou no meu site: www.conocetugeniotipo.com. Você vai poder completá-lo de maneira simples e rápida para conhecer verdadeiramente seu geniotipo. Quando descobri-lo, será capaz de liberar o gênio que há dentro de você! Vamos em frente!

LIBERE SEU GÊNIO

10
Como despertar sua genialidade

O talento é como a eletricidade:
não a compreendemos, nós a utilizamos.

Maya Angelou

Todos nós temos talentos. É uma ideia precisa: à medida que vamos conhecendo melhor a condição do ser humano, percebemos que ele é talentoso por natureza. Isso, no entanto, não significa que todos os indivíduos conseguem encontrar ou desenvolver seu dom.

Muitas vezes nos olhamos no espelho e nos sentimos especiais. A verdade é que todos nós somos; o que nos falta é uma verdadeira percepção do que nos apaixona e de nossas habilidades individuais. Sem isso não aproveitamos o que fazemos no dia a dia, ou nem chegamos a descobrir aquilo que poderia nos satisfazer.

Agora que percorremos os nove geniotipos e que você certamente identificou o seu, eu gostaria de insistir na ideia de que não existe uma hierarquia de talentos. Não há um melhor e outro pior. Existe a falsa crença de que um dom verdadeiro está associado à fama e ao dinheiro, mas isso não é verdade. Há talentos muito mais úteis por sua finalidade minimalista, por mais grandiloquentes ou impressionantes que pareçam.

Em minhas consultas, a frase que mais ouvi das pessoas e, portanto, que representa uma das crenças arraigadas é: "Tony, o problema é que não sou criativo. Tenho muitas ideias, mas não passa disso." Fico impressionado toda vez que me dizem isso. É inacreditável! Ou seja, o problema é que você tem muitas ideias, mas não é criativo, certo? Você está se escutando? São incríveis os mecanismos de autoengano que ativamos para bloquear todo o nosso potencial, só por acreditarmos que somos insignificantes.

Cozinhar, escrever, inventar, pintar, mediar conflitos, acompanhar, reunir a família em torno de uma mesa, dirigir, resolver problemas, escutar, ler contos, fazer rir... Todos esses dons são superpoderes muito maiores do que acreditamos. São talentos imprescindíveis, que facilitam nossa vida e ajudam as outras pessoas a serem felizes.

Por acaso Stephen Hawking não precisava de apoio? E Freddie Mercury, de compreensão? Einstein não tinha necessidade de comer? E Maradona, de cercar-se de boas companhias? Marilyn Monroe não precisava de alguém que a fizesse brilhar? E Michael Jordan, de um técnico? Ou Robin Williams, de alguém que o fizesse rir? Estamos muito convencidos de que é preciso ser como esses famosos, quando eles mesmos precisaram de talentos mais simples, porém essenciais. O talento que acreditamos ser o mais insignificante pode mudar o mundo. Por exemplo, com um pedaço de madeira (não pode haver nada mais simples que isso), Enric Bernat e Manuel Jalón Corominas revolucionaram o dia a dia das pessoas; um por juntar a haste de madeira a uma bala e transformá-la em um pirulito, e o outro por inventar o esfregão. Já imaginou como era limpar o chão agachado? Ou imagine que você, ao tomar café em um dia qualquer, tem a ideia de desenhar um camundongo. Você não daria a menor importância a isso, certo? Mas Walt Disney deu e criou o Mickey Mouse, a origem do que acabaria se tornando um império.

Poderíamos encontrar inúmeros exemplos de talentos aparentemente simples, mas cuja influência é, na verdade, enorme: o humor de Roberto Bolaños, a cozinha de Paola Carosella, Greta Thunberg como ativista ambiental etc. Não é preciso que um talento produza naves espaciais para viajar até outros planetas ou teorias sobre buracos negros para que seja válido, mas que enriqueça a vida cotidiana, que é onde nós, os seres humanos, estamos.

Todos nós temos um gênio em nosso interior, porém geralmente não o reconhecemos. Por quê? Há inúmeras razões para você não se reconhecer como o gênio que já é. Algumas delas são:

- Acreditar que seu dom é simples, porque os *reality shows* ou os esportes de competição costumam focar em poucas habilidades.

- Você evita mostrar seu talento por medo de que o julguem, de que olhem para você de uma maneira diferente ou de se tornar um estranho nos ambientes que frequenta.

- A educação limitadora a que fomos submetidos. (Dedicamos o próximo capítulo a esse ponto.)

EURECA!

Nesta seção vou passar a palavra para Sara Teller, neurocientista da minha equipe.

"Quando penso em criatividade do ponto de vista neurocientífico, me refiro à capacidade que nosso cérebro tem de fazer associações entre conceitos aparentemente distantes entre si, quando ocorrem conexões antes não realizadas e que brindam você com um 'eureca'.

"Explico-me. Diante de um problema, costumamos buscar a solução de forma muito focada, tendo em mente apenas as variáveis lógicas em torno da questão. Preparamos estratégias racionais que conduzam a uma solução. Agindo dessa maneira, quebrando a cabeça para encontrar uma saída, usamos uma parte muito específica do cérebro. Muitas vezes, porém, acabamos apenas consumindo recursos cognitivos, bloqueando a verdadeira inspiração.

"A ciência há algum tempo explica que, depois de um longo período de estudo sobre uma área concreta (fase de preparação), você deve deixar sua mente devanear por algum tempo (fase de 'incubação'). A semente já está plantada, então é preciso deixar que ela dê seus frutos.

"É justamente nesse momento em que sonhamos, divagamos, que se ativa a 'rede neuronal por default', na qual diferentes áreas interagem de forma global. É aí que pode ocorrer a associação entre conceitos armazenados em seu inconsciente, recombinando-os de forma imprevisível. Assim surgem as ideias mais inovadoras, e a criatividade que existe em você é despertada.

"Por isso, muitas vezes, quando você está relaxado ou entediado, talvez caminhando pela natureza ou simplesmente dirigindo sem distrações, aparece a solução do problema. Quando você menos espera, tudo se elucida e você exclama: 'Eureca!' Ou pelo menos foi isso que aconteceu com muitos cientistas, como o químico Friedrich Kekulé, que descobriu a estrutura molecular do benzeno depois de vê-la em um sonho.

"Por isso, se você quer despertar a criatividade, tirar um tempo para descansar a mente é tão importante quanto estudar."

A CRIATIVIDADE COTIDIANA

Embora haja pessoas que os confundam, uma coisa é o talento e outra bem diferente é a criatividade. Costumamos achar que a criatividade está reservada à arte e às grandes conquistas científicas, aplicada a novos inventos ou a questões extraordinárias. Não há nada mais distante da realidade. A criatividade é um recurso presente em cada detalhe de nossa vida, por mais que pensemos que se trata de um dom misterioso, característico das pessoas mais imaginativas. Todos nós a temos, se nos permitimos tê-la. Assim, toda vez que encontramos o caminho para solucionar algo, estamos lançando mão de nosso poder criativo.

Desde muito pequenos, a tentativa e erro nos permite avançar por caminhos diferentes do que desejamos. Na adolescência, quando queremos devorar o mundo e o atrevimento é nossa arma, usamos a criatividade para encontrarmos uma saída. E, quando adultos, como podemos achar que não somos criativos e deixar nas mãos de meia dúzia de privilegiados essa característica que pertence a todos nós por igual?

A neuropsicologia conta com diversos estudos que demonstram que a criatividade é um elemento chave para o bem-estar pessoal e a interação social. A versatilidade é fundamental para nos adaptarmos a novas situações, assim como às mudanças contínuas na sociedade. Por isso, a criatividade é um aspecto fundamental e necessário do ser humano.

Muitos autores definem a criatividade como o "motor do progresso". Sem dúvida, ser criativo é primordial para nossa vida cotidiana: se vestir, se cuidar, cozinhar, conversar, resolver problemas etc. A criatividade está presente, de um jeito ou de outro, em todas as nossas tarefas.

É hora de contemplar a criatividade como nossa ponta de lança para viver melhor. A criatividade ativa o talento, além de ser um gatilho para a autoconfiança; se eu sei criar soluções para minha vida, não me detenho e estou desenvolvendo minha autoestima. Isso permite que eu libere inteiramente meu potencial, porque, em todos os conflitos que aparecerem em meu caminho, vou precisar lançar mão da criatividade.

OS NÍVEIS DE CRIATIVIDADE

Como dizia Pablo Picasso, "A inspiração existe, mas é preciso trabalhar para encontrá-la". De que maneira podemos trabalhar com nossa criatividade para liberar todo o seu potencial?

Embora todos tenhamos criatividade, nem todos nós a usamos da mesma maneira e, o mais importante, não a expressamos da mesma maneira. No campo da psicologia, por exemplo, Joy P. Guilford considerava que a criatividade podia ser filogenética, potencial ou cinética. Já Jeff DeGraff, professor de técnicas de liderança, inovação e desenvolvimento de competências e cultura organizacional da Universidade de Michigan, propõe outros cinco níveis de criatividade: a mimética, a bissociativa, a analógica, a narrativa e a intuitiva.

Por esse motivo, a ideia de que uma pessoa é criativa e outra, não, é simplista e precisa de uma compreensão profunda.

Partindo dessa base, em meus anos de estudo sobre os geniotipos, pude observar como cada perfil utiliza uma determinada forma de criatividade. De acordo com os dados da pesquisa da minha equipe, a criatividade se divide em dois grandes ramos, com diferentes subtipos em cada um deles.*

Criatividade essencial

- Conceitual: consiste em analisar uma situação para então aplicar o conceito mais adequado para resolver uma tarefa.

- Artística: a criatividade das artes, da transformação, da expressão na hora de moldar o sutil.

- Intuitiva: é uma criatividade íntima, que nasce no recôndito mais profundo do ser.

Criatividade fundamental

- Elementar: todos nós nascemos com ela para nos desenvolvermos na vida de forma prática. Por exemplo, se quero trocar de lugar um quadro que está alto demais e eu não tenho uma escada, vou pensar em uma maneira de alcançar o quadro (por exemplo, subindo em uma cadeira).

- Integral: está implícita na evolução pessoal que gera a criatividade. À medida que desenvolve sua criatividade essencial (conceitual, artística ou intuitiva), você potencializa seu talento.

Todos nascemos com as duas vertentes de habilidades fundamentais, mas, se não estamos alinhados com nosso geniotipo, a

---

* Para saber mais sobre a aplicação da criatividade em cada geniotipo, você pode ler o post "La dimensión creativa" [A dimensão criativa] no meu site: <tonyestruch.com>, disponível em espanhol. (N.A.)

criatividade integral não vai se desenvolver e vai abrir caminho para uma frustração latente. Essa é a carência primária que nos invade quando não fazemos o que sentimos que viemos fazer.

Para além de observar os enfoques diferentes da criatividade, o importante é entender que todos nós criamos de forma única e distinta. Se Retângulo está consertando o motor de um carro, vai procurar a maneira mais eficaz de realizar essa tarefa. Por agir orientado para a eficácia, podemos achar que ele é pouco criativo. Entretanto, essa habilidade aparentemente automática é outra face da criatividade, já que a mente deve explorar e improvisar soluções para cada problema que surgir.

Conforme vamos definindo nosso propósito de vida, nossa forma autêntica de ser criativo vai fluir com facilidade, em um processo natural a favor do sentido da vida.

O PODER DA IMAGINAÇÃO

Como já afirmamos, às vezes a imaginação se confunde com a criatividade, porém não são a mesma coisa. A imaginação não tem regras nem limites. Todos nós somos imaginativos, mas para tornar o que imaginamos útil é preciso encontrar uma aplicação na realidade.

Quantas pessoas você conhece que têm mil ideias, mas nunca as concretizam? Algo que é imaginado, porém nunca conduzido ao terreno da realidade, é pura fumaça. As ideias só se tornam úteis para nossa vida se tomarem forma; ou seja, é preciso encontrar um modo de botar em prática o que imaginamos. E o barco em que transportamos a imaginação para a prática é a criatividade.

Agora, se conseguimos ou não materializar nossas ideias, imaginar é um ato imprescindível para pular o muro do conhecimento limitante, que é a árvore que não nos deixa ver a floresta.

Vamos nos lembrar da frase já citada do romancista Júlio Verne: "Qualquer coisa que um ser humano puder imaginar, outro ser humano pode tornar realidade." Graças a sua imaginação, o autor francês antecipou coisas que depois se tornariam realidade:

- Internet. Em seu romance *Paris no século XX*, escrito em 1863, Verne fala de uma espécie de "telégrafo mundial" para compartilhar informação de todos os lugares.

- A exploração da Lua. Cem anos antes que *Apollo 11* chegasse a nosso satélite, Verne já havia imaginado isso em seus romances *Da Terra à Lua* (1864) e *À volta da Lua* (1870).

- A conquista dos polos. Ainda faltavam quarenta anos para que Robert Peary chegasse ao Polo Norte quando, em 1866, o escritor francês descreveu uma expedição com esse objetivo em *As aventuras do capitão Hatteras*.

Você se atreve a imaginar o que ainda não existe? E se atreveria a ser quem o tornaria realidade?

"A IMAGINAÇÃO É MAIS IMPORTANTE QUE O CONHECIMENTO"

Essa frase de Einstein é uma de minhas favoritas porque resume em uma linha a doença da qual padece a humanidade. O ser humano acha que a razão é a maneira certa de agir, mas a razão é uma maneira muito limitada de entender a vida. Por esse motivo, costumamos acreditar em mais do que realmente vemos, apenas porque é "razoável", e a ver menos do que podemos acreditar. É aí que o talento nos ajuda a eliminar essa miopia, ao criar vínculos que não são percebidos à primeira vista.

Em outras palavras, o talento, quando aflora, acende a paixão e cria novas realidades. "A única maneira de fazer um excelente trabalho é amar o que você faz", dizia Steve Jobs, e com isso não nos falava de motivação, mas de paixão, que é o motor do talento. Os talentos, os dons ou as habilidades se mobilizam pela paixão, um fogo em nosso interior que precisa ser aceso, pois ele forma parte de nosso *mabui*.

MABUI: SUA ESSÊNCIA COMO PESSOA

Há alguns anos chegou às minhas mãos um livro que me iluminou. Estou falando de *Ikigai: Os segredos dos japoneses para uma vida longa e feliz*, de Francesc Miralles e Héctor García. Ao ler esses autores, um trecho em especial me chamou atenção: "O *mabui* é a essência de cada pessoa como ser vivo. É nosso espírito e fonte de energia vital. O *mabui* é imortal e nos faz únicos." Mas não são só os ancestrais japoneses que falam do *mabui*; Ken Robinson (de quem falaremos depois) disse em seu livro *O elemento*: "Muitas pessoas não encontraram seu talento porque não entenderam seu caráter orgânico." Esse caráter orgânico é a raiz do geniotipo.

Essas abordagens, entre outras, permitiram confirmar o que eu estava estudando havia anos. Todos nós temos um talento, que é único e imortal. E é justamente esse *mabui* o que nos faz autenticamente geniais. Ao nos conectarmos com essa genialidade, nos apaixonaremos pela vida, porque vai nos apaixonar vivê-la.

NÃO SOMOS ROBÔS

Conhecer a si mesmo implica uma revisão profunda de tudo aquilo que temos como certo. É preciso revisar todas aquelas habilidades que consideramos instaladas em nós mesmos, assim como as que acreditamos não ter. Isso não é tão óbvio quanto parece.

Assim como há uma confusão entre os termos imaginação e criatividade, existe uma linha difusa que separa os conceitos de talento e de genialidade.

- O talento é aquele conjunto de aptidões e habilidades naturais em uma pessoa, que lhe permitem desenvolver de forma orgânica seu propósito de vida.
- A genialidade é tornar ou converter nosso talento em algo genuíno, autêntico.

Todos os jogadores de futebol têm talento para esse esporte, mas sua genialidade está na forma como desenvolvem a aptidão. Essa genialidade é gerada quando tomamos consciência de todas as nossas aptidões, prestamos atenção a elas e as desenvolvemos para nos tornarmos especialistas, exemplares únicos e verdadeiramente autênticos.

Há uma percepção ou visão interna que recebe o nome de *insight* em psicologia. Graças a esse *insight*, uma pessoa é capaz de captar uma verdade vinda de seu interior. Esse tipo de percepção pode ser de três tipos:

- *Insight* intelectual. Pode surgir ao ler, fazer terapia ou qualquer outra atividade que estimule o intelecto.

- *Insight* emocional (também chamado de visceral). É o mais poderoso, pois vem dos meandros mais profundos do ser e envolve compreensão, sentimento e consciência.

- *Insight* estrutural. Nós o usamos para conectar de maneira consciente ou inconsciente tudo o que sabemos e sentimos para elucidar a consciência.

Tudo isso contribui para ampliar nosso conhecimento do mundo e de nós mesmos. Como o psicólogo Daniel Goleman já demonstrou em seu livro *Inteligência emocional*, o quociente de inteligência é supervalorizado: por si só, ele não garante o sucesso, e muito menos a felicidade. Nós nos empenhamos em focar a vida a partir de uma percepção racional, mas, se a intelectualidade fosse vital, todos pensaríamos da mesma forma. Entretanto, é óbvio que não é assim, porque isso nos transformaria em robôs. Por que não reagimos todos de forma igual, já que somos educados de forma parecida? É porque nossa humanidade sempre vence.

O sentimento é mais forte que a razão, e a prova disso é que adoecemos ao conter o que sentimos. A energia emocional não pode ser reprimida, por isso ela existe. E, da mesma forma que por nossa inépcia mental reprimimos o mais humano que temos, se deixamos fluir o que somos e sentimos, vamos gerar saúde.

Se a intelectualidade explicasse tudo, teríamos desvendado todos os mistérios da vida. Entretanto, não sabemos, em grande parte, como funciona nossa mente. Para não falar sobre o universo. Recentemente foi calculado que essa imensidão da qual fazemos parte tem 13 bilhões de anos, e nós, com uma vida média de setenta ou oitenta anos, pretendemos conhecê-la por inteiro. Isso é ridículo. Por isso, quando Einstein afirmava que o poder está na imaginação, indicava esse dom tão humano que temos para superar limites e barreiras mentais.

Tentar compreender e processar tudo por meio da razão nos anula emocionalmente, pois nos afasta da vibração energética mais forte que existe: o amor. Por essa razão, não devemos esquecer que o talento surge do coração e que seu motor é a paixão. Ao ignorarmos nosso talento, ao deixarmos de lado a paixão e a perseverança, estamos rejeitando nosso amor e genialidade intrínsecos.

A MÚSICA DA FELICIDADE

Perceber essas afirmações me levou a estudar a teoria da relatividade de Einstein. Então a magia aconteceu.

Antes de ser pesquisador, sou músico, e sempre me fascinou como a música pode mudar nosso estado emocional. Você está no carro, entediado, liga o rádio e, aparentemente sem motivo, começa a cantar todo contente a canção que está tocando. Esse poder do som sempre me interessou, e eu intuía que devia haver algo a mais por trás disso.

Einstein disse, há um século, que da matéria chegou ao átomo, do átomo às partículas subatômicas, e das partículas subatômicas aos pacotes de onda energética, e dos pacotes de onda às supercordas vibratórias em 11 dimensões ou mais, representadas como música e cor. Aparentemente, um elétron vibra cerca de quinhentos bilhões de vezes por segundo, e essa vibração produz som e cor.

Então o universo seria como uma sinfonia de sons e cores. Um universo de sons! Fiquei emocionado ao encontrar as respostas que eu procurava por meio de minha companheira de vida: a música.

Então comecei a estudar o som e a compor meditações. Fiz todo tipo de experimento de frequência com ou sem base binaural (o som binaural é gravado com dois microfones em uma cabeça artificial e oferece ao ouvinte uma percepção sonora 3D, parecida com a experiência de escutar esse som no lugar em que ele se origina) e estudei as respostas das pessoas quando eram expostas a essas experiências de som. Descobri assim que cada um vibrava de uma forma diferente; que sua energia era única.

Conforme eu desenvolvia meu estudo dos geniotipos, ia compreendendo a importância da energia, da essência da vida confirmada por Werner Heisenberg, um dos pais da mecânica quântica, que considerava que o universo não é feito de coisas, mas de redes de energia vibratória, "que surgem de algo ainda mais profundo e sutil".

Dentro desses campos e redes, compreendi que o ser humano é como a natureza, a qual se desenvolve por meio de diferentes formas de vida (árvores, terra, flores etc.). Simplificando muito, assim como no bosque nem tudo o que nasce são pinheiros, nós, seres humanos, não desenvolvemos os talentos de forma homogênea. Se fosse assim, todos seríamos arquitetos, carpinteiros ou músicos. E nem todos temos as mesmas paixões.

A ORIGEM DOS GENIOTIPOS

Diante dessas evidências, surgiram novas perguntas em minha cabeça, como "por que Michael Jackson desde pequeno sabia que queria ser cantor e não arquiteto?". Na primeira vez que lhe mostraram um microfone, foi como se ele já soubesse usar aquilo. E ele estava apenas começando!

Acontece o mesmo quando nos apresentam a alguém destinado a ser nosso parceiro ou nosso amigo de alma, que desde o primeiro momento sentimos que nos conhecemos a vida toda. Por esse mesmo motivo, Michael não precisou frequentar uma escola de música para saber qual era seu talento e viver disso.

Com essas pistas em mente, e à medida que minha pesquisa ia encaixando as peças do quebra-cabeça com a ajuda de um grupo de psicólogos, neurocientistas e especialistas em outros campos, comecei a dar forma ao que hoje são os nove geniotipos, esboçando vários testes e exercícios direcionados para superar o vazio decorrente da sensação de ser órfão de si mesmo e de propósito de vida.

Só porque você não sabe qual é sua genialidade não significa que não tem nenhuma. Você nunca percebeu que determinadas situações ou acasos se repetem sucessivamente e você não sabe por quê? Essa chamada de atenção acontece porque há uma parte sua à qual você não está dando valor. Você a está considerando óbvia, ignorando-a e, portanto, anulando-a. E o universo, com sua bondade, o convida a enfrentar experiências de vida para que você desperte e se reconheça. Entretanto, como não nos ensinaram a interpretar esse tipo de sinal, podemos passar por ele e continuar tropeçando várias vezes na mesma pedra.

Um erro comum é nos compararmos com os outros, seguir um rastro que não é o nosso e que, portanto, nos garante o caminho para a infelicidade. Pensamos que, se copiamos os passos e ações das pessoas que aproveitam seu talento, podemos encontrar o nosso. Isso não serve de nada, pois minha experiência não tem nada a ver com a de outro indivíduo. Por quê? Porque a experiência é única e intransferível.

A imitação, porém, é a saída fácil do autodesconhecimento, pois nos provoca dor não ser como realmente somos, já que não nos conhecemos. Se não sabemos qual é nosso geniotipo, nos afastamos de nosso *mabui* e de nossa energia vital, por isso adaptamos toda essa energia a uma personalidade, a uma maneira de ser que nos torne fortes para enfrentar a vida, para que nos machuquemos o mínimo possível.

Acontece que cada geniotipo tem uma essência diferente e, portanto, essa adaptação de nossa energia única, da qual provêm nosso talento e nossos dons, gera padrões mentais e vícios que nos afastam de nós mesmos. Isso é o que, em última instância, nos causa dor, frustração e insuficiência. Temos uma genialidade ilimitada, mas uma mentalidade limitada.

NASCIDOS PARA FAZER A DIFERENÇA

Como comentei na introdução deste livro, o geniotipo é uma ferramenta de autoconhecimento para organizar e curar a mente a partir do coração, ao qual não interessa em nada sua maneira de ser, mas seu ser. Seu geniotipo reúne aptidões, ferramentas e habilidades naturais em você que permitem liberar seu talento e sua genialidade. Seus gostos, ideias, pensamentos e crenças podem mudar constantemente, e aí está sua liberdade. O que você é em essência, porém, é inalterável. Se nasceu para ser médico, nunca vai ser feliz sendo advogado. Você pode optar por um caminho terapêutico ou outro, mas sempre como médico.

Dizem que os grandes atores são tímidos, mas sua genialidade explode ao subir no palco ou quando estão diante das câmeras. "Ele parece outra pessoa", nós nos surpreendemos. E essa transformação não é mais que a energia dele brilhando e vibrando em todo o esplendor quando está alinhada com sua essência. É nessa explosão que a maneira de ser abre espaço para o ser. Infelizmente, enquanto não nos damos conta desse fato, vamos contra nós mesmos, guiados por tendências externas. Acabamos estudando uma coisa que não nos apaixona e seguindo uma profissão que não tem nada a ver conosco, só para ter um salário no fim do mês.

Nascemos para fazer a diferença, e a chave para conseguir isso é deixar de olhar para fora e dirigir esse olhar para nós mesmos. É tempo de você ser quem realmente nasceu para ser. Quando você começa a se conhecer, o dom nasce de sua intuição e se lança para o mundo. Não é uma casualidade que o talento seja inato, e que a intuição e o instinto também.

Por exemplo, eu sou músico, mas minha voz tem pouco alcance e é desagradável. Intelectualmente, tenho tudo de que preciso para cantar afinado. E, na verdade, eu canto afinado, porém não soa bem. Por mais que minha mente se empenhe em educar minha voz, os órgãos destinados a isso não respondem naturalmente, porque esse não é meu talento. É lógico que posso praticar, mas o canto nunca será algo natural em mim. Em resumo, sempre que fizer o que sentir, você vai triunfar. Se deixo a dúvida de lado (o que já significa dar um passo enorme), minha natureza inata vai fazer o resto. Quando sinto isso, sei que sinto. Vivemos em um mundo repleto de incertezas, e a única vacina contra ela é a certeza do que sentimos. Uma galinha tem uma certeza na vida: que bota ovos. Esse é seu valor e a única coisa que depende dela. Nossos sentimentos são nossos ovos. Esse exemplo tão simples nos dá a chave: foque na única coisa que você pode controlar, que é o mesmo que ser fiel ao que sente, a seu ser, e não a sua maneira de ser ou de pensar, que só o leva a se esforçar para conseguir a aprovação dos outros.

A CORAGEM PARA COMEÇAR

Quando fazemos o que sentimos, há uma força dentro de nós que nos leva a buscar nosso objetivo. Para isso, contamos com um dos maiores tesouros dos quais dispõe o ser humano: a capacidade de explorar que nos motiva a procurar novas possibilidades e a enfrentar novas situações. Para aprender, devemos estar atentos. Outro fator imprescindível para liberar nossa genialidade é estarmos atentos para captar o que o mundo quer nos mostrar, e assim nutrir nossa criatividade.

Minha intuição me diz que o que sinto é certo, que está alinhado comigo e, quando eu o desenvolver, com certeza valerá a pena para mim e para a humanidade. E, a partir desse ponto, ponho mãos à obra com coragem. Autoconhecimento, pesquisa, curiosidade, atenção... A todos esses aliados para estimular nossa criatividade, vamos acrescentar a coragem para começar.

Se adio aquilo que sei que devo realizar, nunca vai chegar o momento certo, e vou acabar afundando na apatia e na frustração. *Agora* é o momento de levantar as âncoras. Vá em frente. Comece pelas menores coisas que você pode fazer e não deixe passar mais nem um segundo, nem que a paixão se apague. No caminho você vai descobrir seu rumo, mas só vai chegar a sua meta se percorrê-lo. Se você só pensa na meta, sempre vai postergar, porque a meta precisa ser testada passo a passo, ou seja, andando e se levantando todas as vezes em que for necessário.

Vidal Sassoon, o cabeleireiro inglês que revolucionou a moda em todo o mundo no século passado, dizia que o único lugar em que o *sucesso* vem antes do *trabalho* é no dicionário. Estamos cansados de ouvir comentários do tipo "Esse teve sorte" ou anúncios de "Fique rico em um instante investindo aqui", o que é tudo mentira! Por isso devemos tirar da equação o fator sorte, porque, por mais talentos que tenhamos, nada mágico vai acontecer se não começarmos a caminhar. E temos que nos esforçar. Há mais de dois mil anos Sófocles já havia afirmado que o sucesso depende do esforço.

Muitas pessoas que não desenvolvem seu talento vivem reclamando e se entregam à inação, se desanimam e abandonam tudo diante da menor dificuldade, para voltar a seu pequeno círculo de conforto. Essa desistência resulta também em outro movimento ruim e oculto: o zumbido da dúvida e da culpa em sua mente, que nunca vai parar se você não começar a se movimentar. Os pensamentos não param e, quando não nos esforçamos, eles nos inundam de relatos tóxicos. Por exemplo, diante do menor dos obstáculos em sua ação de empreender, você começa a contemplar o "eu avisei" à sua volta e, como não sente o apoio que considera necessário, sua mente inventa situações apocalípticas que o levam a abandonar seu futuro negócio. E a energia que você não dedica a seu talento se perde em "circuitos-lixo" como esse.

Por outro lado, é muito comum aqueles que nem tentam correr atrás do talento deles lhe dizerem que seus planos não vão dar certo, que o que você está fazendo não vai servir para nada e, além disso, que você não deve arriscar perder o que já tem (por exemplo, um emprego fixo), levando em conta as suas responsabilidades (por exemplo, familiares). Há muitas narrativas derrotistas, mas lembre-se de que você dispõe de um recurso que nunca vão poder roubar: a liberdade de fazer o que sente. Não se pode julgar de fora o que sentimos por dentro. E, além disso, você sempre vai estar um passo à frente daqueles que nem chegam a tentar.

O MEDO DOS OUTROS

Com base nesse compromisso pelo que sentimos, quero contar a história da escritora estadunidense Elizabeth Gilbert, autora do romance, também adaptado para o cinema, *Comer, rezar, amar*. Essa história se tornou um best-seller internacional que a consagrou, depois de anos de dedicação ao que era sua paixão: escrever. Até aqui, poderíamos pensar: "Maravilhoso, ela encontrou seu talento, conseguiu compartilhá-lo e reconheceram sua paixão." Mas vejamos.

Gilbert conta que, antes do imenso sucesso desse romance, ninguém acreditava nela. Até aí, normal. Mas a surpresa foi que, quando conseguiu alcançar o sucesso, as pessoas começaram a agir como se ela tivesse chegado à reta final. Inacreditável! A autora conta que as pessoas costumavam lhe dizer frases cheias de preconceitos. "Não tem medo de que seu próximo livro não faça sucesso?", "Você acredita que vai conseguir escrever um livro mais bem-sucedido do que esse?", "Você consegue continuar criando histórias que se conectem com as pessoas com a mesma intensidade, ou já chegou a seu auge criativo?".

Ou seja, o medo dos outros continuava a espreitá-la. Desde adolescente, quando confessou que queria ser escritora, todos lhe perguntavam se não temia nunca ser bem-sucedida, se aguentaria a humilhação de ser recusada pelas editoras ou se queria morrer pobre e frustrada, porque seu sonho nunca se realizaria. Entretanto, as dúvidas das pessoas não a desviaram de seu caminho. "Por acaso, faz sentido esperar que alguém tenha medo do trabalho que sente ter nascido para realizar?", pergunta-se a escritora. Exatamente. É a coisa que faz menos sentido no mundo.

Quando a vontade é firme, se você seguir o que sente, suas habilidades vão aflorar e lhe abrir uma nova realidade. Pense: você acredita que o universo é tão cruel a ponto de convidá-lo a realizar tudo o que você é, para em seguida fazê-lo fracassar? Ele precisa de sua energia na máxima potência para continuar a se expandir eternamente. Portanto, é extremamente necessário que você goze de abundância em todas as áreas de sua vida.

DA MEDIOCRIDADE À EXCELÊNCIA

A sociedade em que vivemos é regida por um conformismo com base na mediocridade e na negatividade. Isso é fácil de observar. Você conhece algum jornal ou noticiário que dedique a primeira página ou qualquer outro espaço importante para as boas notícias? Na primeira página, normalmente são mostrados a decadência, o sensacionalismo e a desgraça alheia.

Esse tom informativo nos envolve, pouco a pouco vai se aprofundando e nos conduz a um comportamento fatalista e resignado. Chegamos a pensar que o normal é as coisas não darem certo, a não ser que se tenha muita sorte. E essa sensação de impotência nos leva ao abandono e a desistir de lutar por uma vida melhor. Essa crença limitante está muito difundida, tanto que tem seu próprio lema: "Mais vale o ruim conhecido que o bom por conhecer." Inacreditável! A impotência tem mais poder que a genialidade e os sentimentos.

Se você tentou seguir seu propósito na vida e fracassou, o passado não devia condicionar seu futuro. Pelo contrário: cada erro te aproxima mais do acerto; cada erro te aproxima mais de seu dom, que você talvez ainda não tenha concebido por completo. Assim, espero que este livro, e mais especificamente o capítulo dedicado ao seu geniotipo, possa te ajudar. Se você sente que está perdido em sua travessia do deserto, talvez seja porque precisa aprender a se conhecer de novo. Não espere na primeira tentativa já saber quem é se passou a vida inteira evitando a si próprio. Dê tempo a você.

Lembre-se de que seu talento só vai poder florescer se representar o ser humano que você é. Caso ainda não saiba que ser humano é, primeiro você vai ter que se encontrar. Atreva-se a descobrir seu verdadeiro ser. Quando se abrir sem timidez ou desculpas, todos os seus preconceitos vão desaparecer, e o que você pensa agora sobre buscar seu propósito e sobre você mesmo vai se dissipar.

Outro artista dos Estados Unidos, o ator Ethan Hawke, afirmou o que estamos comentando com a sabedoria de quem passou por períodos difíceis na vida pessoal, inclusive no auge de sua fama. Segundo ele, a criatividade é a manifestação da natureza nas pessoas. Precisamos nos desenvolver, nos expressar e nos conhecer, e saber aquilo de que gostamos. Quando descobrimos do que gostamos, sabemos quem somos, e a partir daí a criatividade vai se expandir. Bill Gates também disse que, se você quer realizar algo no mundo, não pode deixar que a timidez domine sua mente, porque, se você se inibir, não vai obter resultados.

Eu me lembro do filme *Noiva em fuga*, quando Julia Roberts, o sorriso da América, depois de fugir de várias tentativas de casamento, percebe que, dependendo do noivo, ela passava a gostar de uma determinada maneira de preparar ovos. Quando se distancia e começa a procurar a si mesma, ela prepara os ovos de trinta ou quarenta formas diferentes para descobrir qual é a sua favorita. Esse exemplo tão simples é a metáfora perfeita do que deve ser o reencontro com nosso ser: questionar tudo e abrir a mente para qualquer possibilidade que antes teríamos subestimado porque nosso ego influenciado dizia que não era para nós.

Ignorar nosso dom nos impede de avançar; mas o medo do fracasso e do que vão dizer também faz isso. Portanto, os obstáculos que não nos deixam seguir em frente são ideias muito enraizadas no pensamento coletivo, em crenças sociais e culturais e, é lógico, também de um tipo mais pessoal, que se manifesta em nosso entorno mais imediato e nos condiciona com frases como "Eu sei o que é bom para você" ou "É para o seu bem". Além disso, existe outro elemento que nos impede de ir atrás de nossos objetivos, e sobre o qual falaremos no próximo capítulo: trata-se da "educastração".

DO MEDO À CONFIANÇA

De acordo com o escritor e pesquisador de neurociência David del Rosario, tanto o medo quanto a confiança utilizam as mesmas redes neuronais. Portanto, medo e confiança não podem existir no mesmo plano. Por isso, quanto maior o medo, maior a desconfiança, e vice-versa. Em suma, a partir dessa premissa científica deduzimos que a confiança em si mesmo é fundamental para o desafio de liberar sua genialidade.

Sobre isso, o fundador do Facebook, Mark Zuckerberg, garante que, em um mundo em que tudo muda muito rapidamente, o maior risco é não correr nenhum risco, já que essa é a única estratégia que com certeza vai falhar. E Henry Ford, fundador da Ford Motor Company, conclui afirmando que "Aqueles que renunciam são mais numerosos que os que fracassam".

É de conhecimento geral que Thomas A. Edison tentou inventar a lâmpada elétrica milhares de vezes antes de conseguir. Apesar de seus inúmeros fracassos, ele não desanimou; nem mesmo o incêndio de sua fábrica o deteve. Por isso seu nome passou a fazer parte dos anais da história, embora nem todo mundo conheça os esforços e as derrotas que ele, tal como tantos outros, teve que enfrentar. É que o sucesso exige trabalho, perseverança e confiança.

Portanto, o fracasso como tal só é negativo se não aprendemos com ele, se não o tratamos como um professor. A sabedoria adquirida pelo fracasso consiste em tomar consciência de que, por trás daquilo que falha, existem lições vitais. Estas aparecem diante de nós e podemos observá-las, a não ser que nos encerremos no derrotismo. Com relação a isso, o ator Harrison Ford observa que um erro não é um final, mas pode se tornar o início de uma transformação: "Fracassar é a melhor maneira de começar de novo, mas de forma mais inteligente."

Para se proteger dos ruídos do mundo, afaste-se daquelas pessoas que o distraem de seu propósito e não desperdice energia tentando convencer ninguém. Se você precisa se concentrar, crie o hábito da meditação para convencer a si mesmo. A seção seguinte pode te ajudar a exercitar esse músculo tão útil para desenvolver sua genialidade.

MEDITAÇÃO É VIDA

Se você acha que o exercício da meditação consiste em poder se conectar com seu ser, seu verdadeiro eu, e sentir sua essência em um determinado momento do dia, então durante o restante do dia você não é você? Não faz muito sentido. O ideal seria que fôssemos nós mesmos o dia todo e que levássemos esse estado de atenção a todos os aspectos da vida cotidiana.

Os grandes mestres da meditação sempre começam recomendando um exercício de respiração. Meditar passa por respirar, que é o mesmo meio que utilizamos para viver. Portanto, a meditação nada mais é que uma técnica para perceber o que é natural em você: viver.

Além de praticar a respiração serena e consciente, a meditação é um convite para viver no aqui e agora; para sentir o presente em todo o seu potencial. Perceba que, por mais que você se empenhe, todas as células em seu corpo, todo o seu organismo e até mesmo todos os seus pensamentos só podem estar no presente. Por mais que você se projete no passado ou no futuro, sua vida só acontece agora. Assim, a meditação é o estado natural do ser humano, uma vez que a meditação e a vida acontecem no mesmo momento: o presente.

A meditação é importante no estudo do geniotipo porque possibilita um encontro verdadeiro com o presente, no qual aflora seu talento e você pode desenvolver sua genialidade. Com o objetivo de fazer conexão com o presente de nosso talento, compus muitas canções e fiz experimentações com muitos sons binaurais, como já disse. Convido você a visitar meu canal no YouTube e a aproveitar as meditações guiadas por músicas compostas por mim (em espanhol).

Assim, a meditação nada mais é que estar atento ao que ocorre ao seu redor. Se você não está habituado a meditar, ofereço um exercício fácil e estimulante para iniciar:

1. Fique parado diante de algumas maçãs.
2. Feche os olhos e respire profundamente. Em seguida abra os olhos e escolha a primeira maçã de que você gostar (não pense, isso deve ser intuitivo).
3. Comece a descascar a maçã ou a lavá-la, mas com atenção plena (sem se distrair com o celular, a televisão ou qualquer outro estímulo). Trata-se de uma experiência entre você e a maçã.
4. Morda a maçã e direcione toda a sua atenção para o sabor dela.
5. Agora feche os olhos e experimente o sabor da fruta com mais profundidade, mastigando-a lentamente.
6. Dedique o tempo que precisar para degustar cada mordida, sem pressa ou distrações. Dê à maçã o respeito que ela merece por alimentá-lo, e ofereça a ela sua gratidão quando terminar.

Ao centrar sua atenção na maçã, você está automaticamente experimentando um presente único. Isso fará sua experiência sensorial se elevar a outro nível, porque você vai tomar consciência plena de que ela o está alimentando.

Leve esse exercício a tudo o que é essencial em sua vida. Já imaginou tomar banho só pelo prazer de tomar banho, sem pensar em tudo que aconteceu antes ou acontecerá depois? Isso é meditar, isso é viver no presente. Na verdade, isso é viver. E fomos projetados para fazer isso com facilidade, sem nenhum esforço.

AFLORE COM O AGORA

Não é por acaso que a meditação, o talento e a paixão nascem de um mesmo lugar: o momento presente. Reconhecer isso nos dá muito poder, como afirma Eckhart Tolle em seu famoso livro *O poder do agora*.

Quando componho uma melodia ou guio uma meditação, não posso fazer isso amanhã: só é possível fazer isso agora. Para senti-la e compô-la agora, devo colocar todo o meu talento à disposição do momento presente para dar o melhor de mim. Ao fazer isso, estou aproveitando tanto e minha paixão é tamanha que o tempo se funde em uma experiência de *flow*, descrita maravilhosamente pelo psicólogo húngaro-americano Mihály Csíkszentmihály.

Dedicar-se a seu dom, portanto, leva a meditar da forma mais autêntica. Não vai ser preciso fechar os olhos, nem recitar mantras, nem acender incenso ou outros rituais. Você e sua paixão estarão sozinhos, e o tempo vai voar sem você nem perceber. Isso é o que mais se aproxima do precioso estado de iluminação, que nada mais é que vibrar totalmente com o que estamos fazendo no momento presente, sem pensar em mais nada.

A iluminação é o reencontro com todas aquelas virtudes naturais que afloram em você: intuição, instinto, paixão, talento e atenção. Não procure a iluminação em um lugar divino e remoto, porque você não vai encontrar. Ela está muito mais perto, está aqui. E abraçar seu talento é o caminho mais rápido para a iluminação.

Para concluir este capítulo, quero dizer que nessa viagem aprendi que ninguém encontra nem descobre nada: tudo sempre esteve aí. Não é preciso fazer nada especial para tornar-se um gênio, só descobrir e alimentar o que você já é.

11
As anomalias da educação

*O talento não pode ser ensinado,
mas pode ser despertado.*
Robert Schumann

É óbvio que a educação atual não se preocupa em valorizar os diversos dons e talentos das crianças, mas justamente o contrário. Imperam o pensamento único e a formação igual de todos os alunos. Ensina-se aos pequenos gênios como passar por provas para chegar à universidade ou a postos de trabalho, mas não como ser feliz desenvolvendo suas melhores habilidades. Chamo esse fenômeno de *educastração*, porque ele desconecta a pessoa dos próprios recursos, que são o que permitiria ter uma fartura verdadeira em todas as áreas da vida. Como seria simples estar atento ao potencial de cada criança e desenvolvê-lo para que ela desse o melhor de si! Assim, essa criança viveria alinhada de forma natural com seu próprio ser.

Não falamos apenas do âmbito institucional, do sistema edu cacional em si. Sabemos que a educação parte do núcleo familiar, dos pais ou tutores encarregados da criança. Nessa esfera, também se deveria educá-la considerando o que ela realmente é, e não de acordo com aquilo que é projetado nela, aquilo que perpetuaria o ciclo vicioso de crenças familiares herdadas de geração em geração. Que impacto teve a frase "Estude algo de útil para ser alguém no dia de amanhã"? Como se ser alguém fosse sinônimo de felicidade! Mas cuidado, porque esse *alguém* se baseia em uma estabilidade econômica ou em um reconhecimento social, e não na relação consigo mesmo.

Em suma, a base da educação que recebemos deveria potencializar nosso talento e nossos dons. Entretanto, isso está muito distante da realidade atual.

KEN ROBINSON COM A PALAVRA

Vejamos o que um grande mestre já mencionado ao longo deste livro tem a dizer. No ano de 2020, entre todos os estragos causados pela pandemia da Covid-19, lamentamos o falecimento de Ken Robinson, considerado uma das vozes mais respeitadas do mundo em questões de educação. Sua palestra "As escolas matam a criatividade?", no momento de sua morte, foi a mais vista da história, com mais de 66 milhões de visualizações no canal TED Talks, além das que teve no YouTube.

Alguns anos antes, em sua conferência "Como escapar do vale da morte da educação", ele já destacava vários princípios cruciais para que nosso talento possa florescer. Um deles é que nós, seres humanos, somos naturalmente diferentes e diversos. Portanto, nossa missão é descobrir o que nos torna únicos (que é justamente o motivo deste livro estar em suas mãos).

Outros princípios determinantes para alcançar o sucesso são a curiosidade e o esforço. As pessoas mais brilhantes do mundo (pensemos em um físico nuclear ou em um chef como Ferran Adrià) estão sempre pondo a realidade à prova. Sua curiosidade nunca chega ao fim, não importa o quanto já tenham alcançado. Eles são regidos pelo que o poeta britânico T. S. Eliot descreveu com estas belas palavras: "Não deixaremos de explorar/ E ao fim de nossa exploração/ Chegaremos ao nosso ponto de partida/ E conheceremos esse lugar pela primeira vez." Esse lugar é você mesmo, querido explorador ou exploradora, e meu compromisso é que você descubra todos os tesouros que ele contém.

Mas antes vamos voltar a Ken Robinson, que nos indica quatro chaves para considerarmos no desenvolvimento de nosso talento.

- Se você não está preparado para errar, jamais vai chegar a algo original. Ken Robinson dizia em suas palestras que as escolas se parecem com fábricas, pois padronizam o pensamento penalizando o erro nas provas em vez de apostar na inovação. Não vamos esquecer que até a ciência avança por tentativa e erro.

- As crianças de hoje em dia terão trabalhos que ainda não foram criados. E eu me atrevo a dizer que também os adultos, especialmente agora que o mundo está em constante reinvenção, e porque o pensamento linear deixou de fazer sentido. Mais que acumular conhecimentos, precisamos aprender a refletir, cada um a partir de seu talento, sobre o que ainda não existe.

- Aprendemos a ser criativos da mesma forma que aprendemos a ler. Não é verdade que você dominou a leitura por ter lido muitos livros? O mesmo acontece com as ideias. Quanto mais você tem, mais outras virão porque seu mundo vai se ampliando. É possível dizer que se expor e pesquisar sobre um tema ou uma ideia que o apaixone é o motor da criatividade.

- As pessoas dão o melhor de si quando fazem o que amam, quando estão em seu elemento. Assim como o elemento do peixe é a água, você precisa descobrir qual é o seu, onde se sente confortável, o que ama fazer e faz especialmente bem. Aspirar ser bem-sucedido fora de nosso elemento seria como tentar plantar arroz no deserto.

Vou terminar esta seção com um ensinamento de Robinson que me parece especialmente brilhante: "A única coisa que sabemos é que o futuro será diferente. Assim, seria inteligente da nossa parte fazer exatamente isto: observar o diferente. Se vamos enfrentar desafios, devemos pensar de maneira muito diversa sobre os recursos humanos e como desenvolvê-los." Dito em outras palavras, precisamos abraçar e apostar em nosso próprio gênio.

DA NECESSIDADE À OPORTUNIDADE

Para me aprofundar nesse tema, agora vou passar a palavra à Cecilia Fabregat, a psicopedagoga da minha equipe. Ela afirma que o que mais falta nos centros educativos é a compreensão de toda a diversidade de alunos que existe e dar uma oportunidade a cada um deles.

"Nas reuniões de docentes, em cursos ou reuniões com equipes psicopedagógicas, o termo que mais se escuta na boca de todos os profissionais que trabalham na comunidade educativa é 'inclusão'. A inclusão defende que todos os alunos, independentemente de suas características ou dificuldades (de aprendizagem, motoras, situação econômica, social etc.), devem ter acesso a uma educação que ofereça a eles recursos e estratégias para poderem ser autônomos na vida diária.

"Entretanto, a realidade é bem diferente. Os centros educativos não estão equipados com todos os recursos necessários para atender a todos. E é aqui que começam os problemas, porque há pessoas que não têm as mesmas oportunidades.

"Não estamos falando de uma criança recém-chegada à Espanha vinda do Senegal, que fala língua mandinga, que deixou sua escola rural para estudar em uma cidade de um país desconhecido e que, se for adotada, agora está com pessoas que nunca viu na vida (todas essas circunstâncias causadoras de tanto estresse que fazem a criança criar um bloqueio e, durante um tempo, talvez a tornem incapaz de aprender). Nós nos referimos a casos mais comuns, de pessoinhas desprezadas pelo sistema educacional por não saberem fazer divisões com números de dois dígitos (operações que fazemos com a calculadora do celular quando precisamos dividir a conta ao sairmos para comer com um grupo grande de pessoas). Se investíssemos o tempo que dedicamos a ensinar uma divisão entre números de dois dígitos a outros tipos de talentos, muitos gênios ocultos viriam à tona."

Felizmente, graças à evolução do mundo pedagógico, isso está mudando. Começamos a questionar se todas as crianças devem aprender igualmente os mesmos conteúdos, e da mesma maneira, e a resposta é não. Isso não significa que as escolas não devem ensinar conhecimentos gerais, mas que devemos mudar nosso olhar sobre o aprendizado, e entender que, se um aluno não cumpre um objetivo curricular, não significa que ele não seja útil em outras áreas da vida. Cecília, que é psicóloga infantil há mais de dez anos, trabalha com meninas e meninos que apresentam dificuldades em algum aspecto da vida diária. Em suas experiências, em muitas ocasiões, quem padece de dificuldades são as pessoas que estão em torno da criança, não a criança, embora seja ela quem sofra as consequências dessa dificuldade. Quem não se lembra de um professor que o fez se sentir genial e de outros que o deixaram desolado?

Nossa psicopedagoga nos explica que, nos dias de hoje, temos bons instrumentos de avaliação para as dificuldades que se apresentam a uma pessoa em qualquer momento da vida. Entretanto, as escolas não dispõem de meios para identificar as virtudes ou talentos que podemos explorar. Vamos trabalhar para que o modelo dos geniotipos comece a solucionar isso.

Na comunidade educativa atual, destacam-se apenas aqueles meninos e meninas com rendimento escolar muito bom, mas esses alunos são uma minoria. A maioria é de alunos que apresentam um rendimento acadêmico normal. E há também a outra minoria, a dos alunos com um aprendizado mais lento que o normal, com um transtorno associado ou não. Para eles, o olhar do sistema educativo parte da necessidade educativa, não da oportunidade.

Mas o que aconteceria com essas crianças que tentamos integrar em sala de aula, com muito esforço por parte dos profissionais, poucos recursos da comunidade educativa e inúmeras vezes sem muito sucesso, se pudéssemos dar a elas uma verdadeira oportunidade de desenvolver o próprio talento? Aconteceria algo parecido com o exemplo que nos apresenta Cecília: "Seu filho não alcançou os objetivos estabelecidos no currículo de matemática, mas ele se destaca por sua grande capacidade para a oratória, soluciona muito bem os conflitos que surgem entre os companheiros e tem excelentes habilidades sociais."

Por que parece diferente? Nós vemos a luz! Tudo muda a partir do momento em que damos prioridade para as capacidades de nossos meninos e meninas. E não apenas para desenvolver o próprio talento, mas também para o bem-estar da pessoa.

Sermos valorizados pelo que fazemos bem aumenta nossa autoestima. Quando apontam nossas dificuldades e nos ensinam como administrá-las e o que fazer com elas, nos ajudam em nosso conceito pessoal. Prover a nossos meninos e meninas educação emocional vai lhes oferecer ferramentas e estratégias para serem resilientes. E o que obtemos estimulando a autoestima, a autoconfiança e um conceito real de si para meninos e meninas? Adultos felizes. Foi isso que levou Cecília a colaborar com o projeto do geniotipo. Sua missão é ajudar a criar um mundo educativo melhor que o atual.

FORMATAR MENTES

A educação, tal como ainda se entende, é um processo de homogeneização, um modo de formatar o que é autêntico dentro de nós, com o objetivo de conseguir cópias idênticas, como se fosse uma linha de montagem.

Todos nós passamos por centros de formação. Curiosamente, as palavras *formar* e *formatar* apresentam a mesma origem etimológica, vêm do termo em latim *formare*, que significa substituir arquivos originais por outros. Ou seja, não faz diferença qual talento ou dom temos ao nascer: seremos formados para nos encaixar nos dogmas da época em que vivemos. Assim, nos convertemos exatamente no que se espera de um cidadão: mais um sujeito passivo da sociedade que compete contra todos em uma corrida interminável. Essa é a desconexão da essência que a "educastração" promove.

Ligia Estruch, assistente social da minha equipe, descreve esse fenômeno assim: "A escola está centrada em ensinar os conceitos que considera importantes para ser uma pessoa válida nesta sociedade. Ela dá a entender que o conveniente é o intelecto, ignorando todas as outras habilidades. Assim, aprendemos a competir em vez de cooperar e a nos transformar em adultos produtivos em vez de proativos. É um modelo educativo que desmotiva os alunos e provoca a alienação dos potenciais da pessoa."

Esse cidadão alienado se esqueceu de que todo o conhecimento vital já está dentro dele e que não é preciso outro esforço além de olhar para seu interior, porque a viagem termina dentro de nós.

Dessa perspectiva surge o que chamo de "primeira anomalia", já que o dom não nasce do ego, mas é inato. Ele não provém de nenhum plano de negócio, mas de sua verdadeira natureza biológica, de seu *mabui*. Entretanto, em nossa formação, nos ensinam que é preciso pagar contas e chegar ao final do mês. Somos orientados a cumprir esse objetivo banal, sem levar em conta nossa essência e nossas habilidades. E isso nos desafina, tomando emprestado um termo da música.

NA "CORRIDA DOS RATOS"

Como diz o empresário e escritor havaiano Robert Kiyosaki, autor de *Pai rico, pai pobre*, essa visão materialista da vida nos coloca no que ele chama de "corrida dos ratos", ou correr para ganhar dinheiro e poder pagar os boletos, e logo recomeçar tudo de novo.

Com essa dinâmica, não é de se estranhar que perdemos de vista nossa essência, nosso *mabui*, e estamos resignados e pensando que viver do que nos faz feliz é apenas um sonho. Dizemos que é preciso amadurecer e ser responsávcis, e, para chegar ao final do mês, pedimos a nossa consciência que se realize em algo para o qual ela não foi feita. Para ir contra a própria essência, existe um discurso mental muito elaborado, cheio de falsas crenças muito comuns, carregados de bobagens como "Isso é o que temos", "A vida é assim mesmo", "A vida é dura" e, principalmente, "É preciso ter um ganha--pão para viver". Mas tem certeza de que é assim? Na verdade, se pensarmos bem, a frase seria mais precisa se disséssemos "É preciso ter um ganha-pão para viver mal", caso nos esforcemos em ir contra nós mesmos, o que resulta em estresse e doenças físicas e mentais.

Pouco a pouco, esses mantras coletivos vão se aprofundando e, como todos estão envolvidos na "corrida dos ratos", aceitamos que devemos seguir esses ditames, porque entendemos que a vida deve ser assim e não conseguimos ver além disso. Mas o fato de ser habitual não significa que seja normal. Não é normal que, sendo a espécie mais evoluída do planeta, tenhamos que leiloar nossa força de trabalho. Não é normal que o universo tenha nos colocado aqui com o único objetivo existencial de sobreviver e cobrir nossos gastos, sem desenvolver nosso propósito de vida.

Somos a única espécie deste planeta que vive no esforço, na reclamação e na escassez. Isso não é normal!

Como diz o filósofo sul-coreano Byung-Chul Han, o trabalho é a escravização perfeita, pois consegue nos fazer pensar que é um direito. E o pior de tudo é que acreditamos nisso. O sistema é tão perfeito que gera desemprego para nos convencer de que trabalhar é um privilégio. Mas o que aconteceria se você não acordasse de manhã para ir trabalhar? Como cobriria suas necessidades básicas, como comprar comida ou pagar a hipoteca ou aluguel para dormir sob um teto? Todos nós às vezes nos fazemos esse tipo de pergunta, e essas dúvidas nos mantêm continuamente na constante "corrida dos ratos".

Apesar de vivermos dentro desse sistema econômico, nossa consciência intui que não deveria ser assim. Se sou obrigado a entregar minhas horas de vida em troca de dinheiro para pagar boletos, isso já deixa de ser um direito e passa a ser uma imposição. Bem-vindo à era da escravização perfeita. Diante deste cenário, você tem três opções:

- Enganar a si mesmo e aceitar seu papel de sujeito passivo na "corrida dos ratos".

- Reclamar do sistema e se manifestar do seu jeito, mas continuar aceitando seu papel diário porque "As coisas são assim, e eu não posso fazer nada". Esta segunda opção revela como o mundo está ficando doente.

- Escolher ser você mesmo, o que significa ser autêntico e verdadeiro. Não ser apenas mais um, mas não a partir da competência, e sim da virtude. Ou seja, reconhecer sua genialidade, que nada mais é que perceber que seu *mabui* é uma fonte inesgotável de paixão e talento.

LIBERTAR-SE

"Ninguém respeita um talento oculto", afirmava Erasmo de Rotterdam. Se não entregamos nossos dons ao mundo, é como se não os tivéssemos A falta de criatividade essencial nos condena a uma vida de mediocridade. Precisamos sair dessa armadilha e, além desse objetivo, conhecer nosso geniotipo e nos aprofundar nele, o que vai nos levar a saber quem somos e para que viemos ao mundo. Desse modo, poderemos cumprir com nosso propósito na vida de forma consciente. Por isso insisto: se seu propósito na vida é ser cantor, você nunca vai se sentir realizado em um emprego de gestão. Não é possível brilhar em um trabalho que não corresponda a você de forma natural. Você vai se tornar mais um sujeito passivo da escravidão integral. Essa ideia nos conduz à "segunda anomalia", que atinge a categoria de fenômeno social: separar sua vida pessoal de sua vida profissional; criar dois mundos dentro de uma única vida. É uma loucura! Como é possível ter um trabalho que não represente o ser humano que você já é? Quando trabalha com o que é seu, você flui amorosamente com sua tarefa, e isso estimula a imaginação e o maior tesouro que temos em nosso interior: a criatividade integral. O contrário, resistir e se conformar com um trabalho distante de sua essência, leva você à monotonia e à morte da paixão.

Por isso, você não acha que vale a pena se atrever a fazer um plano para escapar da "corrida dos ratos"? É conveniente se libertar e ser quem você é, assim como viver e liberar toda a sua genialidade. Vamos tratar de conhecê-la um pouco mais.

O CONHECIMENTO DA GENIALIDADE

Zig Ziglar, famoso palestrante motivacional dos Estados Unidos, nos alerta que existe certa quantidade de insatisfação ao saber que seu tempo, talento e suas habilidades não estão sendo utilizados como deveriam. Essa insatisfação é um aviso de que não estamos sendo fiéis a nosso *mabui*. Para corrigir esse erro devemos nos conhecer melhor.

Como mencionei antes, para uma parte desta pesquisa me cerquei de profissionais excelentes de diferentes campos. Sempre digo que a ciência leva luz para a consciência. Por isso, para mim é importante contar com uma equipe de biólogos, neurologistas, psicólogos, psicopedagogos e *coaches* que, além de pesquisarem sobre o talento e criarem um método para reconhecer o geniotipo pessoal, acompanhem e determinem as pautas para saber desenvolvê-lo.

Entre eles está Adrià Trujillo, um dos psicólogos da equipe, que explica da seguinte maneira a ferramenta que você está conhecendo neste livro: "O geniotipo nos permite entender uma parte muito essencial de nós mesmos, pois nos traz informações sobre um conjunto de características que nos definem e nos dão forma: que tipo de relação tenho com os outros, que profissões ou vocações se encaixam melhor com meu perfil ou que sombras ou defeitos devo conhecer e evitar no meu dia a dia."

Para sua evolução ideal, o ser humano precisa conhecer o melhor possível sua mente, suas emoções e seus comportamentos. Em suma, sua vida. E o geniotipo é um mapa para chegar ao sucesso diante dessa operação delicada.

Segundo Adrià Trujillo, da perspectiva da psicologia da saúde (que estuda como os processos psicológicos e do comportamento influem nos estados de saúde e de doença) o fator biopsicossocial é essencial para entender os estados experimentados pelo ser humano. Falamos de como pensamos as coisas, de como o corpo responde diante dos acontecimentos da vida cotidiana, de quantas redes de apoio dispomos etc. Sem esses elementos, não podemos entender a pessoa em sua totalidade.

Ou seja, um geniotipo Quadrado não pensa da mesma maneira que um Círculo, um Losango ou um Infinito. Também não é a mesma coisa o que cada geniotipo busca na vida, nem as vocações ou profissões desejadas ou o tipo de relações que cada um quer ter.

Como o geniotipo pode mudar nossa esfera social? Por exemplo, ao deixarmos de lado relações tóxicas com pessoas que não nos convêm, estabelecemos verdadeiros laços com quem temos afinidade, assim como melhoramos a visão que temos de nós mesmos.

Como o geniotipo pode mudar nosso corpo? Ao conhecermos nossa verdadeira vocação, podemos reduzir o estresse sentido toda vez que vamos ao trabalho que não queremos e nos é imposto para ganharmos dinheiro, evitando assim o envelhecimento prematuro das células provocado por esse estresse crônico.

Não nos esqueçamos de que nossa mente e nossas emoções podem criar um efeito placebo ou nocebo em nosso corpo, em função do que pensamos e sentimos. Em relação a esse tema comentado por Adrià Trujillo, a nutricionista da equipe, Raquel Valero, vai nos trazer mais informações no próximo capítulo.

Em nosso caminho rumo ao autoconhecimento, o geniotipo permite romper essas barreiras que criamos ou que nos impuseram. Ele permite que sejamos uma boa mãe para nós mesmos, aceitando o que é bom e o que é ruim, e deixando de resistir a nossa essência. Quando sabemos quem somos, não há mais lugar para a culpa, a insatisfação ou o rancor (com nós mesmo ou com os outros); aprendemos a mudar a nossa relação com os acontecimentos externos e internos e, principalmente, descobrimos nossos valores vitais: o que viemos fazer, qual é nossa missão, para que servimos.

O importante não é ser um ou outro geniotipo, mas vivê-lo e agir em consequência disso a cada dia, e pelo resto de nossas vidas. Só assim vamos experimentar nosso *mabui* em sua completude.

12
O geniotipo nos relacionamentos

O encontro entre duas personalidades é como o contato entre duas substâncias químicas. Se houver alguma reação, as duas vão ser transformadas.

Carl Gustav Jung

Nós nos relacionamos com outros seres humanos o tempo todo. Mas, curiosamente, costuma ser muito difícil fazer isso, como se em cada relação caminhássemos sobre areia movediça. Embora possamos achar que conhecemos muito uma pessoa, sempre vai haver dissabores, tédio, problemas, tristeza ou reações inesperadas. E não faz diferença se se trata de um relacionamento familiar, de amizade, de casal ou de trabalho. O importante não é o grau de relação, mas quanto conhecemos a pessoa com a qual nos relacionamos.

Neste capítulo vamos nos aprofundar nas relações pessoais e de trabalho.

Já imaginou como sua vida melhoraria se a relação com seu gestor ou gestora, com sua família, com seu melhor amigo ou amiga, com seus colegas de trabalho ou com os clientes importantes fosse ótima?

Para isso é preciso que ambas as partes estejam dispostas a compreender uma a outra. Esse é o ponto de partida. De outro modo não vamos entender por que alguém tem a necessidade de cuidar dos outros, ou por que há pessoas que nos intoxicam, enquanto outras nos nutrem e inspiram.

E o mais interessante é que, muitas vezes, construímos uma relação com base em nossas crenças, e não pelo que a pessoa é. Ou seja, a relação que temos com determinada pessoa pode estar fundamentada em uma fantasia baseada em nossas próprias necessidades e expectativas.

Aceitemos isso ou não, costumamos julgar os outros pelo que achamos que eles são. O mais curioso é que antes desse conceito existe um pré-conceito, e a pergunta é: como podemos ter alguma opinião sobre uma pessoa antes que ela tenha pronunciado uma única palavra? De onde saem os julgamentos que fazemos das pessoas quando não sabemos nada sobre elas?

Assim, nossas relações com os outros são produzidas em um ambiente de conhecidos ou desconhecidos, embora muitas vezes nossos conhecidos sejam os grandes desconhecidos, essencialmente porque fabricamos mentalmente nossa relação com eles, segundo nossos julgamentos ou necessidades. Para lidar com esses mal-entendidos, vamos começar pelo desconhecido.

NÓS NOS CONHECEMOS?

Nossa forma de nos relacionar com os outros é baseada em preconceitos, o que é uma pena, pois assim nos privamos da oportunidade de viver experiências autênticas. Você pode acreditar que se apaixonou por uma pessoa quando a viu pela primeira vez, mas talvez seja porque a imagem dela o lembra de um amor passado ou de um ídolo esquecido de sua adolescência.

Não é verdade que muita gente encontra parceiros que sempre se encaixam no mesmo padrão? Nossos programas mentais obsoletos são responsáveis por essa repetição. Se nos abríssemos para conhecer essa pessoa de verdade, descobriríamos um ser único que não é como nós o julgamos de antemão. E isso faria com que, apesar do tempo, não parecesse que determinada pessoa, de repente, mudou. Certo? Não seria o caso dessa pessoa ter sido sempre assim e que nós tivéssemos uma opinião sobre ela com base em nossas próprias fantasias e conveniências?

Para despir o véu que nos impede de conhecer o outro, o geniotipo pode nos fornecer muita informação. E não apenas em relação a alguém que acabamos de conhecer, mas também a nós mesmos, ao descobrirmos como somos em nossos relacionamentos.

Enquanto eu escrevia este livro, uma moça que estava fazendo comigo o programa de desenvolvimento pessoal de seu geniotipo me disse que não sabia por que sempre havia mais pessoas com as quais ela tinha dificuldade de se entender. As conversas eram difíceis e isso gerava frustração. Ela me dizia que, quanto mais se conhecia, mais ricas eram suas conversas com determinadas pessoas, e mais distante se sentia de outras. O que essa moça me explicava não tinha nada a ver com o ego (ela não achava que era melhor que algumas pessoas), mas era uma questão de pele, de *feeling*.

Eu disse a ela que seu geniotipo, que no caso era Infinito, explicava o que estava acontecendo. Quanto mais conhecimento ela tivesse de si mesma e mais empoderada se sentisse, mais afinidade ela sentiria com quem gosta de filosofar, tem a mente aberta e uma bela visão da vida. Ao mesmo tempo, seria difícil se relacionar com pessoas viciadas em videogames ou que se importam mais com a aparência e a academia que com o crescimento pessoal.

Esse tipo de informação sobre o geniotipo nos ajuda a nos livrarmos dos preconceitos, disfarçados sob frases como: "Nós não nos damos bem", "Não temos nada a ver" ou "Não suporto essa pessoa". Ao conhecermos nosso geniotipo, tomamos consciência do que cada ser humano pode nos oferecer, sem esperar algo diferente.

Se alguém é Retângulo, não o chame para embarcar em aventuras nem peça que ele saia de sua zona de conforto. Há muitas pessoas que, após se casarem, começam a exigir mudanças de seu parceiro para que ele se adapte a suas expectativas. Com o passar do tempo, podemos até chegar à conclusão de que aquela pessoa que considerávamos próxima, no fundo, é um grande desconhecido. E isso nos desestabiliza. Na verdade, o que aconteceu foi que a imagem mental gradativamente deu lugar à pessoa real, e toda a distorção com a qual víamos essa imagem foi desaparecendo.

DOIS CASOS PRÁTICOS

Podem ocorrer dois fenômenos quando nos relacionamos: estarmos alinhados com nosso geniotipo ou não. Dito de outra forma, estarmos mais ou menos bem com nós mesmos.

Vejamos o exemplo de dois relacionamentos de conhecidos meus, que coincidem na combinação de geniotipos, mas do sexo oposto. Antes de continuar, preciso informar os dois casais me autorizaram a compartilhar o que relato a seguir.

Vamos começar pelo casal no qual ela é Elipse, e faz alguns anos que está em um relacionamento. Ele, pelo contato que tivemos, parece uma pessoa encantadora. Mas ela, como boa Elipse com ascendente em Infinito (sim, há ascendentes em determinados geniotipos, que ampliam o próprio *mabui* e proporcionam mais autoconhecimento), é uma pessoa criativa e com a mente sempre aberta a novas possibilidades. Trata-se de alguém que se preocupou em conhecer a si mesma, embora nunca tenha se dedicado àquilo que gosta, ou seja, criar para expandir o conhecimento. Muito pelo contrário, trabalhou em funções administrativas praticamente a vida inteira e não arrisca fazer uma mudança por diversas razões. Ela tem consciência do que acontece e de como sofre por isso.

Por outro lado, para seu parceiro, que é Retângulo, não é fácil se comunicar nem expressar seu mundo interior. Além disso, ele também não tem nenhum interesse especial em fazer isso. É fascinado por seu trabalho no setor industrial, com o qual ganha muito bem e pelo qual é apaixonado. Não precisa de mais nada. Por isso não vê a necessidade de se abrir para sua parceira, como ela lhe pede. Ele reconhece o esforço dela em tentar ajudá-lo com seu mundo interior, mas não se sente à vontade com isso.

Aqui entra a compreensão do geniotipo. Ela, aparentemente, não está fazendo nada de mal; apenas o convida a se abrir. Mais do que isso, ela não pode evitar isso, como Elipse que é. De sua parte, ele, como bom Retângulo, não sente que está fazendo algo ruim ao não consentir nisso. Para um Retângulo, o autoconhecimento não é uma prioridade nem está entre suas necessidades.

Se nos aprofundarmos mais nesse caso, vamos ver que ela, Elipse, está frustrada com sua vida por não poder fazer o que deseja; e ele, ao contrário, está mais que satisfeito com a situação. É normal que isso deixe sua parceira com raiva, embora ela não tenha consciência disso. Elipse, quando em um estado de frustração, precisa de movimento, mudanças para encontrar algo que explique o que está acontecendo. Esse geniotipo atira para todas as direções na tentativa de acabar com sua frustração. E não se furtará a culpar seu parceiro dizendo "É impossível conversar com você".

Se a história fosse o contrário (com um Retângulo frustrado por não encontrar aquilo que o motiva), sua atitude não seria tentar fazer o parceiro avançar no crescimento pessoal, ou se abrir e explicar suas emoções. Ele simplesmente seguiria com seu caminho. Ou seja: não voltaria a própria frustração para o parceiro.

Vejamos agora o exemplo do segundo casal, na qual ele é Elipse e ela é de matriz Retângulo com ascendente em Círculo. Eles estão juntos há quase 19 anos, e ele é fascinado por sua profissão como artista. Teve uma vida profissional não tão estável, mas tem orgulho de dizer que, com quase cinquenta anos, continua a viver de música. Essa felicidade permite que ele compreenda a vida com uma mente totalmente aberta. Como bom Elipse que é, ele consegue entender quase tudo o que acontece em sua vida, assim como o que está a sua volta.

Ela, por outro lado, ainda não sabe o que a apaixona, mas se sente assistida pelo companheiro. Para uma pessoa de matriz Retângulo isso já é suficiente. Ela chegou a passar longos períodos ociosa em casa, esperando que seu marido chegasse do trabalho. Esse tipo de vida é suficiente para ela, que não precisa de mais nada.

Depois de observar esses dois casos práticos, deduzimos que um bom relacionamento depende de dois fatores:

- O quanto você está alinhado com seu geniotipo.
- O conhecimento e a aceitação do geniotipo do outro.

Quando um dos dois tenta mudar o outro, sem ter consciência de seu geniotipo, provoca sofrimento e incompreensão. Em um contexto como esse, podem ocorrer comentários como "É que ele não quer mudar", "Eu já não sei o que fazer" (sob a perspectiva da resignação) ou "Veja que eu tentei, mas..." (sob a perspectiva da frustração).

Já imaginou pedir a um gato que lata para salvar o relacionamento? Um Elipse ainda poderia chegar a imaginar um gato latindo, mas para um Retângulo isso é inconcebível.

NÃO SE DIVORCIE DE VOCÊ MESMO

Conhecer os geniotipos ajuda a aprofundar uma relação, mas também é preciso levar outros aspectos em consideração. Ajudar nosso parceiro para que seja ou se sinta melhor é uma tarefa que beira a arrogância, porque isso implica que você não está agradecido pelo que a vida lhe ofereceu.

Se você está com alguém é porque aceita essa pessoa como ela é. Na verdade, ela é perfeita porque existe dessa forma, aqui e agora. Tudo o que acontece em seu momento presente é a vida se manifestando. Portanto, seu companheiro ou companheira tem que ser assim nesse momento de sua evolução. Se você o rejeita ou tenta mudá-lo, isso significa que ele não está de acordo com seu momento presente e quer forçar as coisas. Nesse caso, talvez o melhor seja que cada um siga seu caminho.

É absurdo começar um relacionamento com uma pessoa que tem algumas características de que não gostamos achando que podemos mudá-la com o tempo. Mesmo se não tivermos má intenção ao fazer isso, o relacionamento não vai dar certo, e é injusto para as duas partes, além de garantir a infelicidade do casal. Afinal, o *mabui* de cada um sempre vai ser o mesmo, e, se uma pessoa tem essência de água e a outra de óleo, dificilmente vão combinar, a menos que um dos dois renuncie a ser o que é.

Para apreciar e respeitar como cada geniotipo é, vamos repassar como cada um deles se comporta nos relacionamentos.

Infinito

Apesar de sua vontade de servir, os relacionamentos deste geniotipo nem sempre são fáceis. Na infância e na adolescência, é comum que ele não se sinta compreendido. Isso o marca e, somado a sua paixão por conhecimento, na escola pode ser rotulado de *nerd*. Na idade adulta, pode continuar se sentindo incompreendido, com um ideal de parceiro ou amizade que o condena à solidão.

Especialmente nos relacionamentos amorosos, é difícil revelar suas necessidades, principalmente nas fases em que Infinito está mais conectado com a mente que com o coração. Como companheiro sentimental, costuma-se dizer que este geniotipo vive nas nuvens, e isso pode irritar seu parceiro, que não vai se sentir ouvido nas questões mais quotidianas. Alguns Infinitos são distraídos nas tarefas do dia a dia e tendem à acumulação de coisas, o que é outro foco de tensão para a convivência.

Socialmente, Infinito precisa encontrar o equilíbrio entre a incompreensão de seu círculo íntimo e a adulação do resto do mundo, que pode fazê-lo perder o rumo e se achar mais do que de fato é. Esse é o motivo pelo qual, em seu estado não saudável, ele é propenso a seduzir e a mudar frequentemente de parceiro, ou talvez nunca encontre um.

Quanto à complementaridade com outros perfis, seu dom para lidar com as pessoas o torna adaptável a todos os geniotipos, mas vai aproveitar mais com outro Infinito, com o qual poderá compartilhar debates intelectuais. Com Losango e Pentágono, pode ter relacionamentos férteis, por seu contato com o transcendental, embora Círculo possa levá-lo a outro nível devido a sua compaixão e intuição.

Quadrado

Considerando que este geniotipo tem muita dificuldade para ultrapassar suas fronteiras mentais, é difícil chegar a acordos com ele quando enfia uma ideia na cabeça. Portanto, nos relacionamentos pessoais, ele se sente mais confortável com perfis submissos ou adaptáveis. Entretanto, ao socializar, pode se adaptar a qualquer perfil, embora sempre acabe fazendo tudo do seu jeito, não importa o que os outros pensem. Então, ele não sofre quando as amizades desaparecem, porque dá a elas relativamente pouca importância. Ele se sente um líder, e quem não quer acompanhá-lo é facilmente substituível.

Como se deixar levar pelo que sente não faz parte de seu comportamento habitual, ele precisa se esforçar muito para se dar bem com a maioria dos geniotipos.

Um casal formado por dois Quadrados não seria uma combinação muito feliz, pois nenhum dos dois vai ceder. Para resolver uma discussão, um dos dois deve dar razão ao outro, e isso não aconteceria facilmente entre duas pessoas deste geniotipo.

Nos conflitos que surgem em todas as relações, se este perfil tem uma base intelectual forte, todos os seus conhecimentos vão formar uma rede de segurança em que ele se apoiará para defender sua postura e não mudar de opinião. E, se é pouco instruído, diante de qualquer conflito usará expressões como "Não, e ponto final", "É o que temos", "Me deixe em paz" ou "Não entendo você" para resolver a questão.

Portanto, os geniotipos ideais para Quadrado no amor seriam Triângulo, Losango, Infinito e, principalmente, Círculo. Este último, por sua tendência à baixa autoestima, pode se transformar em uma presa fácil, e Quadrado pode chegar a anulá-lo, já que vai ser muito fácil para ele impor seus critérios.

Por outro lado, Infinito tem muito mais capacidade argumentativa e, a partir de sua intelectualidade, pode fazê-lo entender que há algo além do que ele ou ela pensa. Se Quadrado encontra alguém que argumente bem, pode chegar a mudar de opinião.

Você nunca vai ver Triângulo e Losango cederem; o primeiro por seu poder de manipulação; e o segundo por seu rico mundo interior. Os dois podem dar razão a ele, mas em seguida farão o que considerarem mais oportuno. Podem jogar facilmente com ele, porque a astúcia e a perspicácia não são os melhores atributos de Quadrado.

Elipse

Ao se relacionar, tanto no amor quanto nas amizades, Elipse consegue lidar bem com praticamente todos os geniotipos porque tem inteligência emocional suficiente para se adaptar. Os que mais diferem em suas características, como Quadrado ou Retângulo, podem ser um bom complemento, já que vão lhe permitir desenvolver sua criatividade ao mesmo tempo que têm uma base estável na qual se apoiar.

Infinito pode ser conveniente por sua capacidade de compreender as feridas da alma, e a genialidade extrema de Estrela vai acender a chama do amor, embora muitas vezes sejam relações que se queimam muito rápido.

Este geniotipo pode ser feliz levando uma vida muito humilde, compartilhando sonhos com outros Elipses, e é capaz de compreender os dramas emocionais de Losango.

Em geral, Elipse apresenta muitos atributos ao se relacionar e se encaixa com todo tipo de personalidade, desde que se respeite sua autenticidade e ele tenha liberdade para criar e para se criar.

Outra coisa é o rompimento, algo muito difícil para Elipse aceitar e que ele pode viver como um drama. Esse processo vai implicar muitas vezes começar uma busca interior ou rever sua idealização do amor. À medida que vai amadurecendo, porém, ele pode chegar a se sentir muito bem sem parceiro.

Triângulo

Este geniotipo é adaptável, portanto pode se dar bem com qualquer outro perfil, uma vez que a empatia e sua extroversão natural o ajudam a se aproximar de todo tipo de pessoa. Ele pode construir grandes relações pessoais, assim como amorosas, pois seu dom para lidar com as pessoas possibilita que alcance facilmente o coração dos outros. O problema é que às vezes ele passa uma imagem que está muito distante da realidade. Isso vai fazer com que os outros, com o tempo, desconfiem um pouco deste geniotipo, porque o consideram capaz de qualquer coisa.

Triângulo tem uma sabedoria natural graças a sua mentalidade aberta. Quando tem muita experiência, sabe filosofar sobre qualquer coisa, mas também é o aliado perfeito para empreender. Em sua versão saudável, é o companheiro de viagem ideal para qualquer perfil. Apenas se, de forma repentina, sente que sua atividade diminui e sua autoestima começa a minguar, ele pode chegar a situações destrutivas. No entanto, Triângulo não costuma se render.

Círculo
Este geniotipo pode se relacionar sem problema com qualquer um dos outros perfis, inclusive com quem não desenvolveu todo o seu potencial, porque ama incondicionalmente. E isso pode mudar seu papel no casal dependendo de seu nível de empoderamento.

Um Círculo com baixa autoestima vai se fixar no parceiro e se tornar submisso. Se, por exemplo, tem vontade de criar coisas, mas está com um Retângulo que não o apoia, vai renunciar ao que gostaria de fazer e se adaptar às necessidades do parceiro. Considerando que é difícil para Círculo acreditar em si mesmo, se seu companheiro de vida não o apoiar, ele facilmente deixará de lado seus planos e sonhos.

Em seu estado saudável, quando este geniotipo tem uma boa autoestima, ninguém o segura e ele se torna o eixo da relação. Nesse caso, Infinito ou Pentágono pode ser seu complemento ideal.

Quando dois Círculos ficam juntos, podem viver um romance de cinema, embora em sua vida a dois haja muito ar: eles vão viver nas nuvens e com uma economia complicada.

Nas relações sociais, ele é um geniotipo que doa sem limites, e às vezes não entende por que não recebe na mesma medida. É fácil abusar de sua generosidade, pois nunca deixa de se colocar no lugar da outra pessoa e de tomar para si a responsabilidade de cuidar do problema dela, e fica mal se essa ajuda não servir de muita coisa. Em qualquer caso, ajudar os outros faz parte de seu *mabui*.

Retângulo

Este geniotipo não é muito dado a conflitos, por isso pode se adaptar a qualquer perfil, desde que isso permita que ele se sinta confortável. Retângulo não quer estresse nem é afeito a discussões. Ele é aquele amigo amável e leal com quem é fácil se dar bem e que precisa pertencer a um grupo. Por esse motivo, poucas vezes vai trair, e sua companhia vai ser fiel. Ele se destaca como bom cuidador e proporciona a seu parceiro tudo de que ele precisa dentro de uma normalidade moderada (não se deve pedir a ele a lua, porque sua missão na vida não é essa).

Apesar de ser um geniotipo simples, dificilmente vai se encaixar com Elipse, já que sonhar não faz seu tipo. Ele precisa ter os dois pés bem firmes no chão. Somente se tiver suas costas muito bem cobertas pode ser a base para os geniotipos mais imaginativos e temerários.

Por seu pragmatismo e olhar simples (embora não ingênuo), Retângulo se adapta muito bem a todas as circunstâncias. Em seus relacionamentos, este geniotipo vai oferecer apoio, amor, conforto, segurança, boa companhia. Mas não se deve pedir a ele filosofia, criatividade, risco e aventura, porque ele ama a vida simples, tampouco se deve tentar mudar suas ideias fixas.

Devido a sua passividade, pode anular outros geniotipos. Ele não se importa em ficar em casa enquanto seu parceiro sai ou está ocupado com mil coisas, pois Retângulo traça uma linha clara entre o trabalho e o descanso. Quando termina sua atividade, gosta de descansar como um rei.

Pentágono

Os relacionamentos com um Pentágono equilibrado são generosos e fluem facilmente, desde que se dê a ele o espaço necessário para desenvolver sua paixão. Nesse caso, não vai precisar de compensação por parte do parceiro. Ele, contudo, não é alguém a quem se possa pedir que seja como todo mundo, já que isso não faz parte de sua essência. A maioria dos geniotipos o censuraria com frases do tipo "Você tem tempo para tudo, menos para mim".

Com Pentágono se pode falar de ciência, da vida, de cultura, de matemática, de filosofia etc. Ele pode chegar a ser um verdadeiro excêntrico. Nesse sentido, Infinito, por sua sabedoria, e Retângulo, por sua capacidade de compensar um excesso de genialidade, poderiam ser seu par perfeito.

Quadrado também pode ser um bom complemento para este perfil, especialmente quando Pentágono sucumbe a uma vida desorganizada, na qual dá prioridade absoluta a sua paixão, e Quadrado pode ajudá-lo a impor um pouco de ordem.

Em geral, são os outros geniotipos que acompanham Pentágono, e não o contrário. Mas não porque Pentágono seja um macho alfa ou uma amazona irredutível, mas porque este geniotipo costuma ter as coisas muito claras. Embora possa ter grandes altos e baixos emocionais, devido a sua mentalidade aberta, ele sempre vai buscar o melhor para todas as partes.

Losango

Este geniotipo é muito especial, e seu parceiro e suas amizades devem saber como tratá-lo, porque, por trás de sua sensibilidade transcendental e obscura, há um ser humano que quer ser amado e que tem uma capacidade enorme de cuidar. Portanto, ele precisa ter a seu lado um perfil que compreenda seu mundo, sem fazê-lo se sentir estranho ou julgado. Se ele tem a compreensão de seu parceiro, é um geniotipo muito fiel.

Para isso é excelente que ele se relacione com Círculo e Infinito, ou mesmo com Retângulo ou Triângulo. Se ficar com Elipse ou com outro Losango, a relação pode se transformar em uma grande aventura, mas ainda faltaria sustentação para os inevitáveis momentos de crise. No entanto, o perfil mais desfavorável para Losango (a menos que renuncie a seu jeito de ser) é Quadrado. Não há química essencial, a não ser que cada um respeite muito o mundo do outro.

Em seu estado de sombra, como pai, pode encher a cabeça dos filhos com teorias estranhas e lhes atribuir responsabilidades que não lhes convêm. Alguns Losangos causam situações surreais a seus filhos, fazendo-os acreditarem que há coisas na vida que não se pode conseguir se não são predestinados a isso.

Estrela

As relações para Estrela não são fáceis, pois, devido às vezes em que foi traído por interesse, este geniotipo não costuma confiar nos outros. Por outro lado, ele costuma se aproveitar de sua aura para conseguir o que quer de qualquer um, e isso gera confusão e impede que crie relacionamentos verdadeiros. Além disso, o centro das atenções é Estrela, e é difícil para este geniotipo deixar de fazer algo na vida por conta de outras pessoas.

Entretanto, com uma boa gestão emocional, Estrela vai ser fiel a suas verdadeiras amizades, as que estão com ele ou com ela pelo ser humano que é, e não por seu dom. Em sua versão saudável, vai encontrar no parceiro seu ponto de equilíbrio, o companheiro ou companheira que diz as coisas de forma assertiva e direta e o faz descer de seu pedestal. E Estrela precisa tanto disso que dificilmente vai querer se desvincular de uma pessoa assim.

Para seu crescimento profissional, a firmeza e a ordem de Quadrado vão cair muito bem. E o amor de Círculo ou a companhia e discrição de Retângulo também podem ser bons companheiros de viagem, desde que o ego de Estrela não os prejudique.

O GENIOTIPO NAS RELAÇÕES DE TRABALHO

Já imaginou contratar uma pessoa com um currículo excepcional, mas cujo talento não corresponde ao desempenho mostrado? É possível ter uma boa carreira trabalhando com algo pelo qual você não sente paixão? Infelizmente, sim, isso é muito comum. Exemplos típicos são pessoas que se tornam advogadas para perpetuar a tradição familiar; ou aquelas que acabam estudando medicina porque seus pais querem; ou aquelas que se veem obrigadas a assumir um negócio familiar que não lhes interessa.

É que os pais desempenham um papel importante nesse tipo de situação. Por exemplo, a prima de 14 anos de minha esposa anos ainda não sabe o que quer ser quando crescer. No momento, está interessada em ser bailarina, mas sua mãe insiste que seja médica, atitude que só pode trazer frustração para as duas.

Outro caso é o daquelas pessoas que procuram estabilidade e investem em uma carreira ou se especializam em algo que não lhes interessa nem um pouco "para ganhar a vida". Conheço muitos casos de pessoas que se esforçaram muito para ser funcionários públicos só porque isso representava um salário seguro. Com esse objetivo, estudaram muito para acabar fazendo o que lhes mandam. Obviamente nem todos os casos são assim, mas é algo muito comum no serviço público.

Nesta seção, tal como vimos na dedicada às relações pessoais, é importante entender que em nossas relações de trabalho, seja com colegas de trabalho, com um chefe ou com subordinados, conhecer o geniotipo é uma questão fundamental.

Se eu, como encarregado de recursos humanos, tenho que contratar um perfil para um cargo, conhecer o geniotipo dos candidatos vai ser muito útil para determinar sua adequação. Por exemplo, se preciso de um vendedor para minha empresa, certamente vou receber muitas candidaturas, porque esse costuma ser o primeiro emprego de muitas pessoas ou a opção que resta quando não encontram mais nada. No entanto, não me interessa contratar alguém que se candidata a vendedor só para receber um salário em troca. O que preciso para a posição é de um Triângulo cuja paixão seja vender. Uma pessoa com outro geniotipo pode desempenhar corretamente as tarefas e ser profissional, mas não vai dar o melhor de si no trabalho. Ela vai ser correta, mas não genial. Por outro lado, um Triângulo convicto daquilo que vende se sentirá orgulhoso de representar seu produto e vai dar o máximo para conseguir mais vendas e chegar mais longe.

A mesma coisa acontece com outros tipos de trabalho. Todos os exemplos que listarei a seguir são casos reais com os quais me deparei recentemente: um profissional de criação que por dinheiro acaba na área administrativa; uma terapeuta que não tem coragem de se dedicar a essa profissão e é gerente de contas; um professor por vocação que acaba sendo web designer; uma engenheira naval que trabalha como chefe de pessoal em um hotel; um jovem que tem um projeto de ONG, mas trabalha como agricultor; uma mulher que deseja ajudar em hospitais e acaba como faxineira; ou um terapeuta do sono que tem sua própria gráfica.

Trabalhar sem estar alinhado com o próprio gênio pode nos fazer sofrer com ansiedade, depressão ou, no mínimo, apatia. Quando você vai contra sua essência, é tomado por uma sensação de escassez e insatisfação, o que, com o tempo, gera uma cadeia de sofrimento que não agrada a ninguém, nem ao empregador nem ao empregado.

Por esse motivo, quando tenho que contratar alguém para minha equipe, não levo em conta o currículo nem a experiência: o que me interessa são sua essência e suas aptidões. Na verdade, há pouco tempo Nathalie, a *coach* da minha equipe, me perguntou por que eu não escolhia pessoas mais qualificadas para determinados cargos. Respondi a ela que para mim a "diplomite" é uma doença não diagnosticada. O que realmente me importa é a paixão que percebo na pessoa e seu geniotipo.

A ESTRADA DE TIJOLOS AMARELOS

Para ilustrar tudo isso, vou contar um caso pessoal. Fanny Fernández é esteticista, mas, ao conhecer seu geniotipo, pedi a ela que me ajudasse a descobrir novos caminhos para encontrar o talento de outras pessoas. Ela concordou, encantada, porque, em suas palavras, sempre sonhou com isso. Ao vê-la trabalhar, percebi que não tinha me enganado. Ela me apresentou propostas muito valiosas, como fazer uma terapia de grupo gratuita, que fazemos certas segundas-feiras à tarde em meu canal no YouTube, e que batizamos de #somosgenios.

Como bom Triângulo, Fanny adora botar pessoas em contato e está em reinvenção constante. Justamente por isso ela pode contribuir. Para levar alguém a algum lugar, antes é preciso ter estado lá. Ela começou sua viagem de autodescobrimento com a meditação: a partir daí, um longo caminho permitiu que ela acompanhasse pela estrada de tijolos amarelos as pessoas que realmente desejam encontrar a si mesmas. "Quando você pega esse caminho, um sentimento cheio de magia é desencadeado, uma revolução interna que lhe dá segurança, autoestima e valor. Essa é a chave da felicidade que todos procuramos e que na verdade já guardamos em nosso coração. Agora já sei como ela se ativa: chama-se viver com seu propósito." Para unir propósito e profissão, em seguida vamos tratar de cada geniotipo no mundo do trabalho.

Infinito

Este geniotipo não aguenta se sentir limitado. Ele precisa expressar o que sente e buscar uma manèira própria de trabalhar como professor ou psicólogo. Um verdadeiro Infinito raramente aceita um trabalho burocrático rotineiro, porque não vai se sentir livre. Embora, é lógico, muitos acabem se tornando professores universitários. Nesse caso, ele vai ter que dar seu toque criativo no trabalho que desenvolve.

Se ele está empoderado, dificilmente vai se encarregar de subordinados. Prefere trabalhar para si mesmo. A menos que compartilhe com a outra pessoa uma filosofia ou abordagem, vai ser complicado trabalhar com alguém. Se precisar assumir um papel de liderança, vai fazer sua equipe trabalhar mais pela inspiração que pela imposição, já que mandar não tem muito a ver com este geniotipo.

Elipse

É difícil ver um Elipse como empregado, a menos que ele tenha se rendido! Sua personalidade sonhadora vai fazê-lo se distrair, porque ele precisa de espaço para imaginar. Portanto, se você escolhe este perfil para vender ou administrar suas contas, vai ter dificuldades.

Por exemplo, um Quadrado nunca vai compreender as necessidades de um Elipse e, quanto mais Quadrado apertar, de mais liberdade Elipse vai precisar. Não há entendimento entre eles. Seu calcanhar de aquiles vai ser sempre a gestão das finanças e do tempo, assim como a tendência a mudar de ideia de um dia para outro.

Portanto, Elipse deve procurar lugares onde possa expressar toda a sua criatividade e deixar fluir livremente todo o seu talento. Pode se sentir à vontade em áreas criativas, como design de moda, fotografia, tradução de textos, arquitetura, marketing, publicidade, confeitaria, em um salão de beleza etc. Ou seja, em qualquer lugar onde possa exibir seu dom.

Em sua versão empresarial, se ele tem uma visão clara do que quer, vai ser um chefe dinâmico, ousado e às vezes impulsivo. Aqueles que trabalham para esse chefe Elipse devem compreender e se adaptar a sua forma de fazer as coisas, que pode parecer um pouco caótica ou sem muito sentido. A inspiração pode chegar para ele a qualquer momento, e quando isso acontece é preciso acompanhá-lo. Elipse pode se transformar em um líder carismático.

Vejamos a seguir um exemplo de interação entre um Infinito e um Elipse. Segundo Nathalie Chevalier, a *coach* de relacionamentos da minha equipe, se os dois estão em estado saudável, podem construir uma boa parceria. Com sua inteligência emocional, Infinito vai entender perfeitamente a criatividade genial de Elipse, vai ajudá-lo a materializar suas ideias e eles serão complementares.

Se esse não é o caso, no entanto, e os dois estão no estado de sombra, Infinito pode achar as ideias de Elipse frívolas e se sentir superior diante da criatividade deste geniotipo. Já Elipse pode se isolar em seu mundo e não saber transmitir o que sente. Portanto, surgiria um conflito entre o "Eu sei" e o "Ele não entende minha genialidade".

Triângulo

A capacidade de adaptação deste geniotipo é tão grande que ele nunca terá problemas, nem como trabalhador nem como empresário, desde que esteja convicto daquilo que representa. Quanto mais ele sentir o que faz, mais terá a contribuir, e isso pode transformá-lo em uma pessoa ambiciosa se não souber diferenciar a paixão da avareza.

Triângulo dispõe das três criatividades essenciais (analítica, artística e intuitiva) e por isso pode desempenhar qualquer função em uma empresa.

Quando está empoderado, seu dom para lidar com as pessoas, seu carisma, sua visão e sua motivação o transformam em um líder natural. Como chefe, vai inspirar, motivar e fazer todo o possível para fortalecer os pontos fracos de seus subordinados. Ele gosta de fazer dinâmicas de grupo, determinar um calendário de objetivos, e sempre procura a maneira de todos atingirem seu potencial máximo.

Como colega de trabalho, vai ajudar todos os outros a não desanimarem. Agora, não tente ser mais esperto que ele, nem revele suas armas, porque ele vai riscá-lo da lista.

Para estar motivado no trabalho, ele precisa procurar a própria forma de vender, ele precisa "sentir". Em minha empresa, eu o contrataria como diretor-executivo para expandir minha marca.

Pentágono

É um grande trabalhador, desde que esteja em seu próprio território. É impossível que Pentágono não trabalhe com seu talento, porque é um perfil voltado para o trabalho. Quando o faz, não há limites e, se precisa investir mais (tempo, dinheiro etc.) em sua atividade profissional, faz isso com prazer. O risco é que, às vezes, o trabalho pode absorver totalmente seu tempo, o que afeta os relacionamentos pessoais.

Pentágono é um grande colega de trabalho e, apesar de às vezes contestar ordens superiores por acreditar que há opções melhores, nunca se afasta de suas responsabilidades.

Como chefe, em sua versão pouco saudável, pode ser um déspota ou prepotente e às vezes se revelar inflexível. Mas, em sua versão saudável, ele também tem a capacidade de ser uma luz de esperança para o resto dos companheiros e delegar tarefas com naturalidade. Ele sabe quais são os limites e as virtudes de seus empregados, por isso confia neles sem nenhum problema.

Às vezes, suas decisões podem parecer não ter sentido, porque sua visão ultrapassa os limites da lógica.

Círculo

Este geniotipo é o funcionário perfeito por ser submisso, porém isso não é bom para ele, pois se doará de coração para que seu desempenho atenda as expectativas da empresa. Isso prejudicará sua saúde e, sobretudo, vai contra sua essência.

Círculo pode exercer qualquer ofício, desde que esteja em harmonia com o que sente. De outro modo, isso supõe um esforço sobre-humano. Quando este geniotipo se adapta apenas pela submissão e não tem espaço para liberar seu potencial, é gerado um desequilíbrio impossível de compensar. Então o trabalho lhe custa muito. Além disso, alguns geniotipos podem não ter empatia por Círculo, o que o deixará ansioso e até deprimido.

Já um Círculo empoderado é outra história. Nesse caso, ele vai trabalhar para si mesmo ou em um projeto que lhe dê esperanças, no qual tenha voz e voto. Entretanto, até em um trabalho de que gosta, seu interior vai sempre pedir algo mais: criar, fazer parte de um projeto que beneficie outros seres humanos, ajudar, acompanhar etc. Quando encontra esse projeto, é um empreendedor incrível e tudo começa a fluir. Ele vai colaborar a partir da serenidade, a partir de sua essência, e vai fazer tudo o que estiver em suas mãos para que seus companheiros possam dar o melhor de si e brilhar com luz própria. Quando ele se sente à vontade e importante, em sua versão empoderada, é impossível deter este geniotipo.

Losango

No trabalho, este geniotipo precisa compreender de que forma seu mundo interior pode se colocar a serviço dos outros sem se sentir reprimido ou negado. Se ele encontra o lugar adequado, é um trabalhador excelente e meticuloso. Dará tudo de si e se sentirá realizado. Quase não vai ser necessário lhe dizer o que fazer, porque ele mesmo tomará a iniciativa.

No entanto, quando não está no lugar certo, de forma inconsciente começa a contaminar o ambiente com teorias estranhas ou estados de ânimo variáveis. Pode ser manipulador e colocar em risco o resto da equipe.

Um problema deste geniotipo é que, como costuma ter dificuldade para aceitar o que é, seu trabalho não corresponde ao seu talento. Isso o faz bloquear seu mundo interior, anulando-se espiritualmente.

Como empresário, costuma ser autônomo; não ambiciona construir impérios. Ele gosta da intimidade e do olho no olho. Vai procurar uma maneira de dar tudo o que tem dentro de si para acompanhar e inspirar o próximo. Sua criatividade transcendental pode fazer com que se expresse como escritor, pintor ou músico, mas também pode ser terapeuta ou legista, trabalhos em que pode ter privacidade.

Quadrado

Este geniotipo é o chefão. Costuma ser uma pessoa autoritária, com ideias claras e ordens firmes. Não tem nenhum problema em dizer as coisas como são e botar todo mundo em seu lugar. Se ele está em um dia bom, é possível ver como esse chefe não considera nada impossível e apoia todos em tudo. Em um dia ruim, vai parecer um déspota e até mesmo uma pessoa injusta ou cruel.

É o perfil ideal para gerir uma empresa, já que aguenta muito bem a pressão e não se dispersa. Ele não precisa ir além do que tem que fazer e não está de brincadeira. Não busque um grande elogio de sua parte nem um abraço. Se ele lhe der isso, é porque quer ainda mais de você.

Como funcionário, este geniotipo é responsável e não cria problemas. Ele faz o que tem que fazer. Às vezes pode hesitar, mas é obstinado e sempre volta ao rebanho. Não peça a ele que crie coisas para você, nem que tenha imaginação, mas se aparecer um problema ele certamente vai buscar soluções, graças a sua criatividade analítica.

Além da gestão e da direção, é um perfil adequado como administrador ou para as forças de segurança, pois sempre cumpre com seu dever.

Retângulo

É um funcionário perfeito e nada problemático, porque obedece a ordens sem contestar. Embora nunca tenha um ritmo muito dinâmico, também não vai ficar desanimado e sempre vai estar presente.

Não se pode esperar que seja criativo, nem que solucione grandes problemas, nem que assuma uma postura de dono, mas é leal e nunca hesitará. Este geniotipo pode trabalhar a vida toda no mesmo lugar sem problemas.

É eficiente em cargos rotineiros, como funcionário da área de transportes ou pessoal de limpeza, assim como para trabalhos que exigem esforço físico como garçom, agricultor ou pedreiro. Muitos Retângulos trabalham como segurança ou zelador.

Quanto a empreender, Retângulo nunca vai tentar abarcar mais do que sua empresa pode fazer. Ele vai trabalhar como uma formiguinha e pode se tornar próspero e realizado. Vai ser um chefe cordial e amável. Se faz o que tem que fazer em seu trabalho, pode ficar a vida inteira no mesmo lugar.

Estrela

Seria absurdo dar exemplos no trabalho de Estrela com outros geniotipos, porque tudo gira ao seu redor. Seu papel em uma equipe é o do membro de maior destaque, por isso todos devem trabalhar a seu favor, para que ele tenha o máximo rendimento. Ele é a Estrela e sabe o que pode oferecer. Não se manipula este geniotipo, pois ele não vai se submeter a algo com que não concorda. Não se pode contratar Estrela, apenas seduzi-lo com o projeto.

Este geniotipo pouquíssimas vezes vai assumir o lugar do chefe, porque não gosta de ter responsabilidade. Se chega a um posto de comando, vai trabalhar de seu jeito, e ponto final. Estrela não sabe explicar o que é inato nele, apenas que sai, por isso dificilmente será um bom guia ou treinador.

13
Crie seu Super-Homem

*Não há ser humano, por mais covarde que seja, que
não possa se transformar em herói por amor.*
Platão

Oliver Sacks, grande divulgador da neurociência, explica que em 1890 foi definido o sexto sentido do qual não somos conscientes: a propriocepção. Ela engloba todo funcionamento orgânico interno que faz com que, entre outras coisas, se sofremos um corte, nosso cérebro detecte exatamente onde nos cortamos. É uma capacidade maravilhosa que faz parte de nós sem nem percebermos.

Depois de anos de pesquisa com minha equipe, posso dizer que, da mesma forma inconsciente e automática, todos temos um sétimo sentido que depende de nosso próprio talento. Este capítulo trata de como criar seu próprio Super-Homem ou Super-Mulher. Como já sabem aqueles que assistem a minhas palestras, nas quais sempre apareço com o "S" em minha camiseta, sou fã de super-heróis, pois tenho certeza de que cada pessoa tem esse grande poder em seu interior. Assim como o Homem-Aranha tem a capacidade secreta de escalar prédios e dar grandes saltos de um quarteirão para outro, nosso talento pessoal é esse sétimo sentido.

Esse dom inconsciente ou oculto nos permite ter facilidade para algo de forma natural e automática, porque faz parte de nós desde sempre; tanto que não prestamos atenção a ele nem lhe damos valor. O superpoder se manifesta quando tomamos consciência dele e o reconhecemos como nosso. Como dizia Einstein: "Todo mundo é um gênio, mas, se você julga um peixe por sua habilidade de subir em árvores, vai passar a vida inteira acreditando que ele é um inútil."

A CHAVE DO ENTUSIASMO

Todos os super-heróis são entusiastas de sua causa, por isso, para liberar todo o seu poder, você vai precisar dessa vitamina existencial. Ninguém se entusiasma quando pensa no que faz, mas sim quando o vive. É que a felicidade e o prazer fazem seu dom vibrar ao máximo. Poderíamos dizer que talento, paixão e prazer se retroalimentam para que você libere sua genialidade. E tudo isso acontece a partir da naturalidade de você ser quem é. Não é preciso ir muito longe, basta olhar para dentro de si: aí começa e termina o caminho.

Como as encruzilhadas existenciais dos super-heróis, esse caminho é uma emocionante viagem solitária, e no começo você pode se sentir desorientado. Talvez você não tire um momento para respirar há muito tempo, e muito menos para tomar um café com você mesmo. Quando presta atenção a si mesmo, aos poucos você vai se encontrando e, se aparece uma pedra no caminho, como não há ninguém a quem recorrer, você usa seu instinto para evitá-la e continuar caminhando.

No fim das contas, você se acostuma a confiar em suas habilidades para se livrar das incertezas, sem precisar de mais nada além do próprio talento. É que o talento é tão natural em nós que é a expressão do que realmente somos; é nossa tecnologia inata para alcançar nosso propósito de vida e alcançar a realização com sucesso.

Ou seja, você é naturalmente genial. Essa já não é uma razão para você se entusiasmar?

Com sua genialidade você consegue, além disso, inspirar outras pessoas a alcançarem seus sonhos por conta própria. É que os dons e talentos não são projetados para que você os possua, mas sim para compartilhá-los e expandir os pontos fortes dos outros.

"COM GRANDES PODERES VÊM GRANDES RESPONSABILIDADES"

Se prestar atenção, vai ver que todos os super-heróis utilizam seus poderes para ajudar a espécie humana a resolver seus problemas. E isso inspira milhares de pessoas que querem ser como eles. Pois bem, todos temos um Super-Homem dentro de nós que tem muito a contribuir para outros seres humanos. E nosso dever é assumir a responsabilidade de encontrar nosso dom e fazê-lo vibrar ao máximo, porque, como diz a famosa frase do tio do Homem-Aranha: "Com grandes poderes vêm grandes responsabilidades", e não podemos fugir delas.

É nossa responsabilidade reconhecer nosso talento e, se ainda não sabemos qual é, começar a nos dedicar a descobri-lo, algo que só nós mesmos podemos fazer. Você é único e só você pode ser seu professor. A vida é sua escola e tudo que você precisa aprender já está em seu interior, e o universo precisa de você. Até os heróis, às vezes, têm que se unir para ajudarem uns aos outros com seus superpoderes, pois sozinhos não são suficientes. Como se costuma dizer, "A união faz a força".

Quando você reconhece o gênio que é, seu superpoder tornará fácil o que é difícil, porque, ao utilizar as ferramentas a seu dispor, você vai acabar com todas as suas falsas crenças limitadoras. Uma delas é a aceitação da escassez como norma. Aceitamos a ideia preconcebida de que a abundância é apenas para poucos, ou que não podemos viver de nosso talento porque a sociedade impõe que tenhamos um salário todo mês. Se eu tivesse dado atenção a essas ideias preconcebidas, não estaria aqui agora escrevendo este livro.

Confie em você mesmo e, portanto, na vida, e o universo vai lhe dar o que você sente que precisa.

O PARADOXO DA ABUNDÂNCIA

Somos parte de uma existência universal que transborda abundância por todos os lugares. Em cada um dos múltiplos universos, há uma infinidade de planetas e estrelas, milhares de formas de vida, oceanos, florestas etc. E como nós, que fazemos parte de toda essa vida, concluímos que chegar ao fim do mês é suficiente? Vamos precisar continuar a nos descobrir, e também a outros seres humanos, para encontrar o melhor deles, até compreendermos que o que vai acabar com a pobreza não é a igualdade, mas a abundância, porque quando nos reconhecermos nela todos vamos nos sentir plenos com o que somos.

Quando estou desfrutando de minha paixão, não penso na recompensa, mas em minha satisfação. A escassez não passa pela minha cabeça, porque para mim é um prazer, e também é aí que termina a necessidade de competir para ter mais que o outro. E o melhor de tudo é que então acontece o que chamo de paradoxo da abundância. Curiosamente, à medida que você começa a viver com plena consciência, cada vez menos vai precisar do que é exterior. Por sua vez (e aqui está o paradoxo) o universo vai gerar cada vez mais abundância em todos os aspectos de sua vida.

Isso não acontece por acaso quando você lança mão do melhor que tem em si. Você está apostando na única pessoa que nunca vai traí-lo: você. É que, ao se alinhar com a consciência por meio de seu dom, que é natural em você, tudo flui naturalmente, e isso envolve muitas coisas:

- A coragem de ultrapassar seus limites, o que implica enfrentar as feridas emocionais que todos temos e trabalhar na cura para essa dor, algo que sempre postergamos. Para realizar esse movimento, não há alternativa além de se olhar no espelho e sair da zona de conforto para enfrentar seus medos. Você vai ter que deixar de ouvir os conselhos dos que estão a sua volta, o que eles vão dizer. Abandonar o medo de não ter apoio, de se sentir só e desafiar o que está estabelecido. Admitir que poderá fracassar e aceitar essa possibilidade.

Atrever-se a errar e a se levantar de novo. Em suma, isso implica ter a coragem de navegar por um mar de incertezas, o que pressupõe muito amor por si mesmo e acreditar muito em si mesmo.

- Seguir em frente com sua vida para ganhar experiência. Essa experiência própria vai se tornar exemplo para os outros. É que, ao compartilhá-la, você vai ajudar muita gente que quer dar esse passo adiante e que, como não existe uma escola emocional, não sabe como fazê-lo. Então você vai ser uma referência para elas, mesmo que não pretenda.

- Gerar respostas para os outros. Conforme você permanecer apaixonado pelo que faz, a vida vai lhe apresentar novos desafios e novas situações e perguntas a responder. Portanto, sua evolução como ser humano o levará sempre de forma sutil a buscar a maneira de ser de maior valor para você mesmo e para os outros. E isso o levará, finalmente, a cumprir seu propósito de vida, mas dessa vez de forma consciente.

- Ao compartilhar seu talento com os outros, você vai ter de forma indireta a fartura e a riqueza em todos os aspectos da vida. Além disso, vai ser mais rico como pessoa porque vai ter muito mais segurança em si depois de haver enfrentado e superado as provas que a vida foi apresentando a você para que crescesse. Sua alma vai ser mais rica porque, por fim, você vai se reconhecer como parte dessa consciência que você já é.

- Você não vai ter que renunciar ao mais natural e íntimo de si, a sua paixão, e vai se sentir pleno e realizado. Sua mente vai deixar de estar insatisfeita. E isso é quase um milagre, pois você vai estar apaixonado pela vida, que vai deixar de ser difícil para ser fértil e apaixonante.

- Você vai viver sem medo do dinheiro. Vai deixar de vê-lo como uma coisa desvirtuosa. As dívidas familiares e das pessoas ao seu redor já não pertencerão a você, então seu espírito empreendedor vai abrir novas fontes de renda. Ao adotar essa nova atitude, você vai usar o que é global como oportunidade de gerar valor para o mundo.

- Por último, você vai ter estabilidade em momentos de dor. Sobre esse ponto, a neuropsicóloga Eva Flores propõe a seguinte reflexão: "Encontrar e seguir seu talento não vai eliminar o sofrimento humano e intrínseco da vida. Perdas, obstáculos, rejeições, coisas que não saem como esperamos... Mas vai reduzir significativamente o ruído de fundo, o esforço excessivo que resulta de ir contra sua essência."

Todos esses benefícios vão trazer segurança e firmeza na hora de tomar decisões no dia a dia, porque você vai estar tão acostumado a confiar em si que vai saber como recorrer a suas habilidades e recursos sempre que necessário. Você não vai pensar no que deve fazer, mas sentir o que precisa fazer sem duvidar disso. Como faz o Super-Homem.

Já imaginou não ter dúvidas em sua vida? Se há dúvida, não há felicidade, e vice-versa. Pergunte-se isto: alguma vez você duvidou se é feliz?

14

Alimente sua paixão

Use os talentos que você tem: os bosques seriam muito silenciosos se os pássaros não cantassem.
Henry van Dyke

Por mais valorizada que seja a estabilidade, na verdade a vida é puro movimento. Nela, a única lei que impera é a da constante evolução e transformação. Por mais resistentes que sejam os alicerces de nossas estruturas, cedo ou tarde eles vão tremer e desabar.

Por exemplo, quando nos casamos, achamos que é para sempre, mas muitas vezes esse desejo não se realiza. Ou chega uma pandemia que estraga todos os nossos planos, ou nos demitem do trabalho quando menos esperamos, ou ocorre qualquer outra situação que nos obriga a escolher entre duas opções, ou outras mil realidades cotidianas que, embora nos esforcemos por controlar, arruínam nossos planos.

Quando ocorre esse tipo de circunstância, ou você se adapta (o que implica um movimento de sua parte) e aproveita a viagem, ou tenta controlar a situação, sem ter que se mover, o que é impossível e gera, entre outras coisas, ansiedade. O controle é um mecanismo de defesa da sua mente para não entrar em pânico diante dos desafios da vida. Mas por acaso aquilo que tinha que acontecer alguma vez deixou de acontecer, apesar de você tentar controlar? Então por que você continua caindo na mesma armadilha? Ao querermos continuar protegendo nossa estrutura, ficamos cada vez mais insignificantes, porque para continuar controlando nossos pensamentos básicos temos que renunciar a muita vida. Esse controle conservador vai contra a abundância implícita em cada um de nós, como forma de vida universal que somos.

O grande problema do ser humano não é o medo em si, mas ignorar seu próprio *mabui* ou essência. Quando não é consciente de suas ferramentas inatas, o menor desafio da vida o assusta. Então a vida se transforma em problemas contínuos a serem resolvidos e, quando não entra em sintonia com seus próprios recursos, você recorre àquilo que é externo para solucioná-los. E isso acontece quando não sabemos quem somos e renunciamos à coisa mais íntima de nós mesmos: nosso talento e, portanto, nossa genialidade. Em outras palavras, e como expressa o dito popular: acreditar que tudo tem solução não é otimismo, é talento.

Há pouco tempo me pediram que desse um seminário sobre o sucesso em uma escola de L'Hospitalet, em Barcelona. Eu sabia bem qual era o ponto de partida da palestra: "Olá, pode levantar a mão quem sabe quais são seus talentos para ter sucesso?" A resposta foi o silêncio. Ninguém soube responder.

Se não conhecemos nosso talento, como vamos fazer algo que nos deixe felizes? E, se não somos felizes, como vamos encontrar o entusiasmo que acompanha o sucesso profissional e o pessoal?

A paixão pela vida é o tema subjacente em um dos livros mais vendidos das últimas décadas, *O monge que vendeu sua Ferrari*, de Robin Sharma. Trata-se de uma fábula espiritual para entender que o dinheiro não preenche a alma. Seu protagonista é Julian Mantle, um advogado de alto nível que, aparentemente, tem uma vida de sucesso, mas está obcecado por ser e ter mais. Seu desequilíbrio e seu estresse selvagem e galopante acabam por lhe causar um infarto. À beira do abismo, Mantle sofre uma crise pessoal, abandona o materialismo e faz uma viagem pelo Himalaia. Além de conhecer essa bela parte do mundo e sua sabedoria, o advogado vive uma verdadeira revolução interior, alimentada por um modo de vida que permite que ele viva em paz, com paixão e desenvolvendo seu verdadeiro potencial.

Julian Mantle descobre que, por mais que a advocacia o tivesse levado à prosperidade econômica, ela não é seu verdadeiro talento porque não o faz feliz. Nesse livro podemos encontrar inspiração na linha da minha pesquisa sobre os geniotipos que quero compartilhar aqui, como o fato de que, quando um objetivo ou projeto que você acha importante o inspira, sua mente supera seus limites, o que possibilita que sua consciência se expanda em todas as direções e você comece a ver um mundo novo e bonito, no qual seus pontos fortes e talento ganham vida, e você descobre que é uma pessoa melhor do que desejava ser. Outra grande descoberta é o segredo simples da felicidade: descobrir o que você gosta de fazer e voltar todas as suas energias para essa direção. Porque, se você observa as pessoas mais felizes e satisfeitas de seu mundo, vai ver que todas encontraram a paixão delas e dedicaram a vida a desenvolvê-la.

TEMPO PARA VIVER E DESCOBRIR

A velocidade do imediato é outra das doenças com as quais temos que conviver. Da mesma forma que Julian Mantle se vê mergulhado no caos e desmorona devido à vida que leva, cada época tem seus dogmas, e um dos piores da nossa é que tudo tem que ser para agora. Então, depois de considerarmos que devemos dar uma chance ao autoconhecimento para nos sentirmos melhor, depois de passarmos um mês meditando sem ver frutos, nós nos estressamos, nos frustramos e dizemos: isso não funciona!

Vivemos em meio a tantas urgências que não percebemos que podemos parar dez segundos e respirar. Dê tempo a si mesmo para se conhecer e desenterrar suas habilidades. Encare isso como uma aventura na qual a viagem é tão ou mais apaixonante que o destino. Não é preciso que você embarque em uma viagem externa, física (por exemplo, ao Himalaia). Lembre-se de que, na verdade, a única viagem que importa é a que acontece dentro de você mesmo. Se ainda não sabe qual é sua paixão, preste atenção àquilo que o entusiasma, que o apaixona e faz com que o tempo voe, porque a paixão não é um estado mental, mas uma propriedade inata do coração, e é o que vai fazer com que você se apaixone pela vida.

Anna Vicen Renner, *coach* da minha equipe, descobriu em suas sessões que, quando convida as pessoas a gozarem de seu talento, sua curiosidade para se autodescobrir é ativada: "Nessa conexão elas descobrem suas verdadeiras paixões e se conectam com uma sensação profunda de liberdade. Aí aparece o sorriso da criança entusiasmada que compreende tudo. Nesse momento elas se conectam com a liberdade de se sentir elas mesmas e querem mais. De quê? De si mesmas. Por quê? Porque desfrutam de como realmente são e se divertem saboreando o próprio talento, pois o natural é isso, se divertir sendo você mesmo."

Curiosamente, tudo de belo e natural que há em nós desde criança (a felicidade, a respiração, a plenitude, a presença, o talento) são valores dos quais muitas vezes não temos consciência; nós nos esquecemos deles, como se tivéssemos uma amnésia seletiva. Como podemos nos esquecer de uma coisa que faz parte de nós mesmos (nosso talento) e que é tão natural e essencial quanto respirar? Espero que este livro seja um lembrete constante de como você é genial!

ALIMENTE SEU CORPO, O VEÍCULO DE SEU GÊNIO

Vamos complementar este capítulo, que é voltado a ter uma paixão na vida, com uma observação fundamental. Até agora, refletimos sobre o olhar para dentro, para nosso talento, assim como todas as características e energias que se retroalimentam e estão conectadas com ele. Mas não devemos nos esquecer do cuidado necessário com nosso corpo. Raquel Varela, a nutricionista da minha equipe, lembra que são pouquíssimas as pessoas que priorizam ter uma boa relação com o corpo, e que é comum dar mais importância às urgências do trabalho, às necessidades da família, aos compromissos sociais etc. "A maioria põe outros objetivos à frente de seu próprio bem-estar, e essa falsa prioridade pode levá-los a acumular um grande sentimento de frustração. As pessoas desejam se cuidar, mas, na espiral mental da 'não ação', não sabem como nem quando assumir a responsabilidade por seu bem-estar."

Se pesquisamos a palavra *bem-estar* na internet, obtemos resultados ligados ao cuidado físico, com conselhos de nutrição, esporte ou beleza. Devemos coletar esses pequenos ensinamentos levando em conta que tudo o que agrega bondade física se traduz em seu interior. E vice-versa: quando estamos felizes, nosso corpo assimila melhor e fica mais descansado e equilibrado. Para alcançarmos o bem-estar, devemos rever nossos hábitos e a forma de organizar nossa vida, e assim poderemos ficar em paz com nós mesmos, física, mental e emocionalmente.

Agora eu gostaria de indicar algumas pistas com as quais o corpo fala conosco e nos diz que está bloqueado, estressado ou infeliz. Porque, sim, escutando nosso corpo também podemos conseguir desabrochar com nosso talento. É mais uma etapa do caminho. A seguir há alguns exemplos disso:

- A dor de cabeça está conectada à agitação: é preciso sair do turbilhão.

- A dor no pescoço está relacionada à rigidez, com a dificuldade para se soltar ou para perdoar, aos outros ou também a si mesmo.

- Os problemas nos ombros indicam que você está sobrecarregado por uma responsabilidade que não é sua, ou por ter assumido um compromisso no qual não vê muito propósito.

Definitivamente, assim como os atletas de alto nível cuidam de seu físico como o tesouro que ele é, se queremos dar o melhor de nós mesmos, a alimentação e um estilo de vida saudáveis deveriam ser prioridades inquestionáveis.

Como saber que tipo de alimentação é o mais adequado para você? Está claro que cada pessoa é única (por sorte), mas existem algumas orientações gerais que deveríamos seguir para fluir de maneira natural. Vamos começar pelo princípio, o básico e mais fácil.

Costumamos nos esquecer de que somos animais, que viemos da natureza e que somos natureza. Como espécie, durante milhões de anos fomos nos adaptando ao meio externo para nos perpetuar, e fizemos isso harmonizando nossos ritmos com os da natureza. A ciência atual da cronobiologia estuda isso. De acordo com essa ciência, se, em vez de andar estressados e desconectados dos ciclos naturais, queremos botar a vida de nosso lado, podemos começar a nos conectar com ela por meio desses conselhos:

- Respeitar os ritmos circadianos. Esses ritmos sincronizam os relógios biológicos de nosso organismo, as mudanças físicas, mentais e de comportamento que respeitam padrões de 24 horas. Eles respondem em especial aos ciclos de luz e escuridão e afetam quase todos os seres vivos do planeta. Um dos exemplos mais claros de ritmo circadiano é dormir quando está escuro e acordar quando a luz nos atinge. Respeitamos esses ritmos quando comemos e dormimos o suficiente em horários regulares. Nesse sentido, dormir é essencial. Na verdade, o sono estimula a produção de citocinas, proteínas que ajudam o sistema imunológico a responder com rapidez aos antígenos.

- Aprender a respirar bem, já que é nosso sopro de vida. Um adulto, surpreendentemente, usa apenas dez por cento do diafragma, que é o músculo responsável pela respiração. Além disso, não costuma fechar bem a boca. Esses dois fatores fazem com que a respiração seja menos profunda, e assim não oxigene corretamente o organismo. A respiração superficial pode sobrecarregar o coração, tensionar os músculos e aumentar o estresse. É recomendável praticar a respiração diafragmática ou abdominal, e podemos fazer isso da seguinte maneira: deitar-se de costas com os joelhos dobrados, colocar uma mão sobre o peito e a outra sobre o abdômen, abaixo do tórax, e inspirar lentamente pelo nariz e expandir o estômago; logo a mão no peito se movimenta e exalamos pouco a pouco pelo nariz e sentimos baixar o abdômen.

- Incluir a meditação em todas as nossas rotinas para administrar melhor o estresse e aprender a estar presente nos momentos importantes de nossa vida, que são todos.
- Manter relações sociais saudáveis, criar turmas. Somos seres sociais e nosso destino depende da qualidade de nosso círculo de confiança, de nossa família espiritual.
- Praticar atividade física. Seu corpo não viveu milhões de anos de evolução para que você fique sentado a maior parte do dia. O sedentarismo é venenoso: fazer pilates, dar um bom passeio ou qualquer tipo de exercício suave pode neutralizar seu efeito.
- Praticar *shiatsu*, que é um método de cura ancestral japonês originário da medicina tradicional chinesa e que trabalha principalmente com as mãos. Você pode aplicar esse contato em si. A pele é nosso maior órgão, e por meio dela você pode tocar seus pontos de energia e devolver o equilíbrio a seu organismo. Vestido ou nu, deitado ou sentado, perceba como você se sente, aqui e agora. Se tem sede, se está cansado, observe onde há tensão ou em que nervos. Aplique nesses lugares um contato com mais ou menos intensidade, de acordo com os pontos descritos por essa técnica e sobre os quais você pode se informar com facilidade.
- Ter uma alimentação consciente e saudável, consumindo sempre alimentos da região e da estação. Dessa forma os alimentos nos proporcionam os nutrientes e a energia de que precisamos em cada momento do ano. A variedade de nutrientes, além disso, é obtida comendo todo tipo de alimentos (cereais, frutas, hortaliças, óleos, laticínios, carnes etc.), já que nenhum alimento contém por si só todos os nutrientes necessários. Entretanto, se seu estilo de alimentação exclui algum grupo de alimentos, procure compensar isso com boas combinações, com as quantidades que recomendam os especialistas.

Se você respeitar os ritmos naturais e seguir essas regras simples, vai começar a se sentir muito melhor, com energia, e tudo isso vai repercutir em um ótimo rendimento físico e mental. E, o mais importante, você vai ter a vitalidade necessária para levar seu talento até o infinito e além. Seu corpo físico é o veículo de seu gênio. Se você o tratar bem, ele vai ajudá-lo e acompanhá-lo até onde você deseja chegar.

A PRECIOSA TRAVESSIA PELO DESERTO

Chegar, descobrir, perguntar, olhar para dentro, romper com o que foi estabelecido e não nos corresponde, deixar de sonhar para viver do que gostamos e usar todos os nossos recursos e emoções. Sentir, logo existir. Compartilhar o talento como um gesto natural e lógico com o próximo, ao mesmo tempo que os outros compartilham seus dons. Fazer com que este mundo seja um lugar melhor para todos. Parar de ignorar nosso superpoder e encontrar nosso lugar no mundo. Saber que somos um geniotipo e agir de acordo com nossas habilidades inatas. Essas palavras são música para os ouvidos, não? Mas, como vimos, quando nos sentimos perdidos, isso pode significar uma travessia pelo deserto árido da aceitação anterior ao autoconhecimento.

Depois de tudo que apresentei e você leu, não me resta dúvida de que viver na ignorância já não é uma opção, porque você sabe que a felicidade pode estar a sua espera do outro lado do medo e do falso conforto. Por isso, querido leitor e querida leitora, convido-os a se alinhar com seu geniotipo e a rejeitar a idade ou a dependência econômica ou emocional como fatores que os impeçam de usar seu dom.

Eu fiz isso. Caminhei, acreditei e cheguei até aqui. Eu convido você a celebrar seu talento e a ter a realização pessoal como uma constante em sua vida.

O certo é que vale a pena saber por fim que você é um gênio. Vale a pena inaugurar a vida que sempre desejamos e ser seus protagonistas absolutos. Não pode ser de outro jeito.

Você se atreve? O gênio já está dentro de você.

15
Talento e vida

Eu não só gosto de mim;
eu sou louca por mim.
May West

Antes de terminar este livro, vou fazer uma paradinha para contar algo pessoal. Há pouco tempo conheci uma neurocientista em uma casa de chá. Conversamos sobre as pesquisas que desenvolvemos; ela me disse que estudava ansiedade, e eu lhe contei sobre o campo que me apaixona, que é o do talento. Então ela me disse de repente:

— Ter talento é bom, mas não é tão importante.

Isso me surpreendeu. Ela está fazendo uma pesquisa fantástica sobre o que acontece em nosso cérebro quando temos ansiedade e, é lógico, não contive uma pergunta:

— Mas existe alguma coisa que gere mais ansiedade do que não ser feliz com o que você faz?

Ela ficou pensativa e então me respondeu:

— Com certeza não saber o que fazer com sua vida gera ansiedade, principalmente se o que vive não te faz feliz.

Isso me inspirou a desenvolver uma nova possibilidade de autoconhecimento por meio do talento. E, para isso, apresento uma série de perguntas que me fizeram refletir: Alguma vez você não foi feliz em um trabalho? Alguma vez trabalhou com algo que não o preenchia? O que você sentia quando acontecia isso?

Além disso, pergunto: Você sentia que esse trabalho concreto não o preenchia, ou, pior ainda, o que o desesperava era não saber que você podia se preencher por não saber qual era seu talento? Ainda não sabe qual é seu talento? Se a resposta for afirmativa, significa que você quer ser você, mas não sabe se expressar por meio de suas habilidades porque não sabe quais são. Não consigo pensar em nada que cause mais ansiedade.

Talvez você nem mesmo saiba como chegou a esse ponto. Talvez a vida a seu redor o tenha feito mergulhar em um mar de dúvidas, arrastado por uma corrente de pensamentos que nem mesmo são seus ("Seja uma pessoa produtiva", "Deixe de besteira e estude para ter uma carreira", "Eu me conformo com chegar ao fim do mês", "Sonhar não paga as contas" etc.). O fluxo constante desse tipo de *input* vai gerando ondas imensas de crenças que não pertencem a você, mas o afogam e não o deixam respirar. Você alguma vez teve a sensação de ficar sem ar?

Esse é o motivo pelo qual muita gente não encontra seu talento, porque, quando ele não pode sair, se afoga e não pode se expressar. Isso pode levar você a pensar erroneamente que não tem nenhum talento. Se você é daqueles que pensam assim, acredita mesmo que o universo (pode chamá-lo como quiser) lhe deu uma vida para que você não contribua em nada? Você consegue imaginar nascer sem nenhum propósito?

Nascer sem nenhum propósito significaria ser uma forma vazia dentro das engrenagens da vida. De todas as criaturas do universo, nós seríamos a única sem um propósito, e isso não teria sentido. Até as abelhas têm uma função imprescindível para o desenvolvimento da vida. E você não é menos que isso. Na verdade, é muito mais, já que se presume que você é a forma de vida mais evoluída que se conhece. O universo quer que você desenvolva sempre seu potencial máximo porque ele precisa de você. E por isso ele lhe deu um talento, para que você brilhe com todas as suas capacidades.

Imagine ser uma lâmpada que pode brilhar a cem watts, mas só emite, voluntariamente ou por desconhecimento, vinte watts. Não faz sentido. Você veio para brilhar em seu máximo esplendor. Uma vida sem brilho é uma oportunidade perdida; é um passo atrás no tabuleiro universal no qual todos jogamos, e no qual todos, absolutamente todos, temos um valor com o qual contribuir.

É mais fácil você sentir que é especial que explicar isso, por essa razão eu o convido a respirar um pouco o quanto você é especial. Respire fundo. Na consciência há tanto amor que você descobre que é universalmente autêntico. Isso faz de você verdadeiro, único e, portanto, especial.

Muitos passam a vida toda pensando que o talento está relacionado ao trabalho, a ganhar bem ou a obter o reconhecimento dos outros, conseguir muitos *likes* no Instagram e alcançar a fama. Mas não. Na verdade, o talento é o caminho direto para o amor. Todos os caminhos para o autoconhecimento se baseiam em se familiarizar com suas emoções e aprender a geri-las, com um requisito prévio: amar a si mesmo. E para amar a si mesmo não é preciso fazer um MBA nem meditar por duas semanas em uma caverna. Na verdade, é algo natural e fácil; não devia ser nenhum esforço. Entretanto, o mundo em que vivemos o transformou em um esforço, porque são muito poucos os que se sentem apaixonados pela vida e pelo que fazem.

A condição mais substancial do talento é a paixão. Por isso não se pode viver de costas para o talento, pois assim o caminho do crescimento pessoal se torna muito árduo, porque se procura o amor onde ele não está. Não é por acaso que as coisas que amamos fazer nos apaixonam. A paixão e o amor nascem do mesmo lugar: do coração. O monge vietnamita Thich Nhat Hanh, indicado ao Nobel da Paz, afirmava que, ao reconhecer seu talento, você reconhece a beleza da mãe Terra, que é o lugar onde você mora e o único em que você vai poder explorar seu talento. Daí nasce a conexão com o amor.

A SÍNDROME DA "TATÁ-SABE-TUDO"

Se o talento tende ao amor, então nossas capacidades e habilidades inatas tendem à felicidade. E isso me leva a falar sobre a síndrome da "Tatá-sabe-tudo": todos nós alguma vez na vida tivemos uma conversa com ela, como veremos em seguida.

Estou há uma década pesquisando o talento humano e seus recursos inatos, e cerca de mil pessoas devem ter passado por meus diferentes programas de desenvolvimento pessoal. E há sempre uma premissa constante: todo mundo quer ser feliz. E aqui vem o mais curioso desse tema: ninguém sabe exatamente o que é isso de felicidade nem como se chega a ela, mas todos sabemos o que nos deixa infelizes. Isso realmente chama minha atenção.

Se sabemos os motivos pelos quais não somos felizes, só precisamos nos comprometer a deixar de fazer aquilo que nos impede de viver plenamente. Entre as causas comuns da infelicidade estão:

- Ficar preocupado com o que pensam de você e até especular sobre que elas estão pensando.
- Viver para agradar a todos.
- Comparar-se com os outros (quase sempre com aqueles que estão melhor que você).
- Ter expectativas sobre como as pessoas deveriam tratá-lo ou como os outros deveriam reagir.
- Negar-se a viver o presente.

E poderíamos incluir muitas mais. Enquanto não nos livrarmos dessas camadas que nos sufocam, não chegaremos ao coração da felicidade.

Um motivo que nos impede de nos desvelarmos para chegar a nossa essência é a "Tatá-sabe-tudo" que mencionei antes: ela nos diz que tudo é muito fácil de dizer, mas muito difícil de fazer. Ou seja, o famoso "Tá, tá... Eu já sei, mas...". Essa é a Tatá-sabe-tudo, uma pessoa castradora que nos diz tudo o que não podemos fazer, porque a vida é muito difícil etc.

Para enfrentá-la, vou recorrer novamente a Ken Robinson, que em uma conferência TED observou que há muita gente que acha que não é boa em nada. Quando uma pessoa pensa isso, ela não está preparada para encarar a vida e tem que seguir os ditames da "Tatá-sabe--tudo", que aconselha resignação e nos condena à mediocridade.

Às vezes pensamos, equivocadamente, que a vida implica sofrimento e situações desagradáveis. Para mim, o verdadeiro sofrimento está no desconhecimento de nossas habilidades e recursos. Quando não conhecemos esse conjunto de capacidades inatas, entramos em pânico diante do menor desafio da vida, pois nos vemos incapazes de solucioná-lo. Nós nos anulamos tanto que qualquer coisa parece um desafio insuperável. Ou seja, sua vida deixa de ter valor porque você não se valoriza, não acredita que é suficiente e se convence de que é incapaz. E, como você não sabe extrair seu talento natural, depende de compensações exteriores, que sempre o deixam insatisfeito.

Como você vai ser feliz assim?

Não importa que cursos fizer, as afirmações positivas que recitar, os rituais com vela que realizar ou as vinte Ave-Marias que rezar. Enquanto não assumir a responsabilidade de extrair o melhor de si, nada realmente novo vai acontecer. E o pior de tudo é que você pode cair na armadilha do vitimismo e sempre jogar a culpa nos outros. Já pensou que o que acontece com você não é sua culpa?

SOBRE A PROSPERIDADE

O fato de assumir essa responsabilidade muda tudo, porque aceitar seu talento faz de você sujeito ativo da história da sua vida, em vez de vítima passiva dos acontecimentos.

E isso muda tudo.

Você já não depende de ninguém, nem das circunstâncias, apenas de si mesmo. Isso também representa o fim das desculpas, porque você obtém respostas da única fonte confiável: seu interior; a resposta é você mesmo.

E como chegam as respostas? Ao compartilhar nosso talento, reconhecendo que nosso dom não é nosso, mas que pertence à humanidade. O universo nos deu um talento para que vivamos na abundância, e essa abundância só chega quando a compartilhamos, porque nosso talento também é universal, ele vem da fonte devido a minha autenticidade original. Compartilhar esse dom não é o mesmo que trabalhar com alguma coisa que não nos interesse nem apaixone. Compartilhar nosso dom é algo que acontece por si só, de forma natural e com entusiasmo.

Em uma *master class* apresentada por Emilio Carillo em meu programa de desenvolvimento de seu geniotipo, ele explica que, etimologicamente, *entusiasmo* vem do grego e significa "Deus em você". O dom sai de você de forma natural porque expande sua divindade. Pegando seu gancho, poderíamos dizer que o entusiasmo produz o milagre de se encantar pela vida, de que você se apaixone, pois o prazer é a felicidade do coração. A partir da felicidade, o talento gera riqueza, que não é o mesmo que juntar dinheiro, objetivo próprio de mentes pobres, por mais paradoxal que pareça, já que quando você cai na ganância não percebe que dinheiro não traz felicidade. Por isso você nunca vai ter dinheiro suficiente, não importa o quanto ganhe.

Isso não significa que não devemos dar valor ao dinheiro. Nós herdamos crenças inconscientes de que o dinheiro é nocivo, quando ele não é bom nem mau: tudo depende de como o utilizamos.

Temos que fazer as pazes com o dinheiro. Ele não é mais que um fluxo de energia e o resultado da paixão bem direcionada. A partir da paixão você poderá criar riqueza, já que vai fazer sua vida vibrar ao máximo. Desta forma, vai externalizar o melhor de si, o que vai ajudá-lo a crescer, a você e ao seu entorno, já que você vai resolver problemas agregando valor com seu talento, e isso trará a fartura. Entretanto, a prosperidade é uma consequência, não o objetivo.

Quando você trabalha pelo bem comum, ajuda muita gente a resolver conflitos; isso repercute em você e o transforma. O crescimento pessoal não é nada além de desenvolver seu talento por meio da busca de seu dom mais íntimo para resolver dúvidas internas e externas. Isso leva você a seu destino final: cumprir com seu propósito de vida, mas dessa vez de forma consciente. Esse talento íntimo é seu geniotipo. É sua genialidade.

Um ser humano a favor de seus recursos é valioso. Um ser humano que esconde suas capacidades deixa de sê-lo. Muitas vezes não temos consciência de toda a desordem emocional que isso implica.

Para explicar melhor, proponho a você que faça um exercício de visualização. Imagine que existe uma galinha em seu interior. Agora imagine que você quer botar um ovo, mas não pode. Como você se sente?

Agora substitua o ovo por talento.

Assim como uma galinha que não sabe botar ovos não é valiosa, um ser humano que não sabe qual é seu talento também não é, porque não tem nada a agregar a sua própria vida nem à dos outros. Em relação a esse tema, a pintora e escritora Lola Kabuki nos lembra que: "Se o talento não se torna realidade, ele se torna invisível."

O TALENTO OCULTO

Como já vimos, dentro de nós há um gênio que sempre espera ser atendido. Agora eu gostaria de falar sobre a relação que esse talento tem com o fator tempo.

Passei anos sem tocar piano porque tinha perdido o interesse. Eu estava desorientado, com objetivos que acreditava serem os meus. Mas, quando me sentei novamente ao piano, a magia aconteceu, e sem esforço compus uma de minhas melhores canções, *Alma*, que você pode escutar em meu canal do YouTube (em espanhol). Foi assim que descobri que a forma mais fácil de empoderamento e autoconhecimento se dá pelo talento. Por quê? Eu penso em, pelo menos, três motivos:

- Liberar o talento não exige esforço.
- Quando você se dedica a ele, a magia acontece.
- Isso não envolve medo.

O talento é algo que vem "de fábrica" em nós, ele é natural, como o amor, o sentir, o instinto ou a intuição. Mas, ao contrário do que acontece com o talento, temos medo de amar caso nos machuquem, temos medo de seguir o que sentimos, temos medo de seguir nosso instinto caso ele saia de nosso controle ou temos medo de confiar em nossa intuição caso estejamos errados (nesse caso a "Tatá-sabe--tudo" tem muito a dizer). Tudo o que é natural e essencial em nós é assustador, pelas mudanças e consequências que pode produzir em nossa vida.

Portanto, alcançar crescimento e desenvolvimento pessoal trabalhando o amor, o que a pessoa sente ou a intuição é difícil e custoso. Entretanto, com o talento, não, porque é nosso único dom inato que não envolve medo.

Se eu gosto de tocar piano por prazer, não tenho medo, nem isso implica assumir nenhuma responsabilidade nem me apegar às consequências. Simplesmente sinto prazer em apenas tocar piano. Mas, se paro para observar, ao tocar piano (ou fazer o que gosto de fazer) obtenho pistas fundamentais de como encontrar meu talento.

O talento conduz à paixão, e quando me apaixono por desenvolver minhas habilidades, o tempo desaparece, derrete. E aí está a chave: meu talento é o presente do universo para meu ser, já que o universo não entende de tempo. Porque, quando desenvolvo meu dom, o tempo passa sem que eu perceba, e consigo experimentar um presente infinito: o famoso e complicadíssimo aqui e agora.

A partir desse ponto, depois que localizamos nosso talento, podemos seguir o caminho do autoconhecimento através dele. Descubro aquilo que me dá prazer e, aos poucos, vou despindo e desmascarando todas as minhas capas das quais não preciso para viver.

Trata-se disso: chegar a nós mesmos sem esforço por meio das capacidades latentes em nós desde crianças, e que não nos dão medo e nos divertem. A partir daí podemos liberar o restante de nossos recursos inatos, o que vai nos transformar em pessoas mais ricas e seguras. Poderemos começar a discernir nossas emoções, nossos pensamentos, e desfazer as crenças que não nos pertencem.

No fim de todo esse processo, se eu tiver vontade, vou decidir me dedicar a minha paixão, o que, certamente, é a razão de eu ter vindo a este mundo.

Dentro de nós mesmos há um gênio que está esperando para ser descoberto. Muitos acham que talvez seja tarde demais para encontrá-lo, mas tudo o que é natural em nós não enfraquece nunca, porque faz parte da fonte original. O talento, assim como o amor, não entende de idades nem de tempos. Ele é atemporal e estará vivo enquanto nós estivermos vivos.

Há muitos exemplos de que deixar uma marca nada tem a ver com a idade. Sem ir muito longe, Daniel Defoe escreveu *Robinson Crusoé* praticamente aos sessenta anos, e Cervantes publicou *Dom Quixote* aos 58.

A RÃ COZIDA

Talvez você tenha ouvido falar na fábula da rã cozida de Olivier Crec. Quando a água está fervendo, a rã salta, mas, se você a põe em fogo baixo, ela não percebe até estar cozida. Essa é uma boa alegoria das pessoas que não têm prazer com o que fazem e cuja amargura é cozida a fogo tão lento que não percebem que desperdiçaram a vida até estarem queimadas e ser tarde demais. Para evitar sermos "fritos", devemos honrar nossas virtudes e superar nossos medos para avançar. É preciso sair da zona de conforto, talvez enfrentar a família ou romper com o pensamento estabelecido. Tudo isso já implica um poderoso caminho de crescimento pessoal espetacular.

Por outro lado, também é verdade que não existe estabilidade nem segurança em nenhum trabalho nem em nenhum aspecto de nossa vida. O mundo nunca mudou tão rápido quanto agora. Por isso, nossa maior esperança com vistas ao futuro é desenvolver um novo paradigma com nossas capacidades, para dar uma nova direção à existência humana.

Imagine que você sabe com clareza quem é, por que está aqui, e que faz as pazes com o dinheiro e se concentra em gerar abundância em sua vida e na dos outros. O dinheiro não é mais que uma fonte de energia que chega como consequência de nossa dedicação. Não é nenhuma utopia. Estamos falando de gerar riqueza em todas as áreas de nossa vida, graças ao fato de contribuir com valor de ser humano para ser humano.

O escritor britânico Aldous Huxley afirmava que "Não há substituto para o talento", e ele tinha razão. Nada pode te satisfazer nem agregar mais valor a sua vida que liberar seu talento.

Vou encerrar com algumas palavras da humorista norte-americana Erma Bombeck, que me parecem perfeitas para dar o toque final no presente de nossa existência: "O dia em que eu me encontrar com Deus, no fim de minha vida, espero não ter ocultado nenhum talento e poder dizer a ele: usei tudo o que o Senhor me deu."

Epílogo

A roda dos geniotipos

O universo não dá ponto sem nó. E, como acabamos de ver, a natureza é como um relógio em perfeita sincronia. Tudo tem um sentido, uma ordem e uma forma natural de ser e um propósito que, se indagamos um pouco, se apresenta claramente diante de nossos olhos.

No caso dos geniotipos, todos são necessários e todos se complementam entre si, como a roda precisa que move o universo. Da mesma forma, se compreendemos a vida como uma unidade da qual todos fazemos parte, a partir da consciência individual do ser, poderemos avançar rumo a um propósito comum.

Portanto:

Se os professores tomarem consciência de seu geniotipo Infinito, poderão extrair o melhor de cada ser humano que acompanham e deixar para trás o sistema educacional atual, obsoleto e comprovadamente fracassado.

Se cada criança começar a se sentir compreendida a partir de seu geniotipo e a desenvolver as habilidades e os recursos que potencializam seu dom, vai evitar a frustração e brilhar com luz própria.

Ela vai se sentir integrada e contribuirá com todo o seu talento para fazer deste um mundo melhor. A soma desses talentos descobertos e ativos vai multiplicar a abundância para a humanidade.

Sendo assim...

Infinito vai educar para extrair o talento máximo do ser humano. Ele é um professor de vida.

Quadrado vai gerir o mundo utilizando seu raciocínio pragmático, para que a sociedade não entre no caos.

Elipse vai criar sonhos para que possamos imaginar, e vai nos proporcionar cultura e arte.

Triângulo vai negociar com transparência para que a mensagem alcance toda a sociedade.

Círculo vai mudar o mundo por meio das pequenas coisas e com seu amor incondicional, e vai facilitar nossa vida, elevando a vibração.

Retângulo vai nos proporcionar as necessidades básicas com amor e felicidade.

Pentágono vai facilitar nossa vida com seus cuidados e a compreensão de todos os campos da evolução.

Losango vai nos ajudar a vencer o medo da morte e vai nos acompanhar na última viagem.

Estrela vai iluminar o mundo com seu talento inato.

Atuando juntos, a partir do amor, o você e o eu vão acabar, assim como a necessidade de procurar uma ordem externa. Quando está em harmonia, a roda dos geniotipos nos proporciona uma vida de beleza e realização pessoal individual e coletiva. Cada um pode ocupar seu lugar no universo, e não por imposição, mas entendendo que cada indivíduo tem sua própria genialidade. Se eu tenho a mesma genialidade que você, não preciso convencê-lo de nada, nem tenho a necessidade de reconhecimento. Caminhamos de mãos dadas pelo bem comum.

À primeira vista, isso pode parecer uma utopia, mas, curiosamente, é o mesmo que acontece com nossos neurônios. Santiago Ramón y Cajal descobriu que o cérebro é formado por essas entidades individuais, mas que o importante é a comunicação entre elas. É o que se conhece como o princípio de segregação e integração: no primeiro, cada neurônio é uma entidade com uma função e vida próprias, e o cérebro exige diversidade e diferenciação; no segundo, a base é a interdependência, e o cérebro exige união.

Miguel de Unamuno dizia que desejava se unir ao grande todo, "sem deixar de ser o eu que sou agora", e o fato de você ter lido este livro e o tornado seu é um passo muito importante nessa direção. Agora você tem novas ferramentas para evoluir positivamente, acreditar em seu potencial interior e se apaixonar pela vida a cada dia.

O estudioso alemão Wilhelm von Humboldt disse, há dois séculos, que "A verdadeira finalidade da existência terrena não é a felicidade, mas sim o desenvolvimento de todas as sementes que existem nos dons individuais de cada ser humano". Reconhecer e compreender isso é a verdadeira revolução do ser humano. Nesse sentido, acredito que precisamos transcender o axioma racional de René Descartes, o "Penso, logo existo", e evoluir para outro que eu proponho, e que me parece muito mais poderoso e transformador, regido pelo talento: "Sinto, logo existo." Vamos aplicar toda a emoção para viver com plenitude absoluta. Estamos preparados.

Obrigado, de todo coração, por me acompanhar nesta aventura.
Namastê,

Tony Estruch

Agradecimentos

—Querida, sabe de uma coisa? Tomara que um dia a vida me dê a oportunidade de fazer chegar ao maior número de pessoas minha pesquisa do geniotipo. Sinto, lá no fundo, vendo os resultados que obtemos, que isso lançaria luz sobre as dúvidas de muita gente.

Eu me lembro perfeitamente de quando disse essas palavras a minha esposa, ao ir dormir, no início de novembro de 2019.

Aproximadamente dois meses depois eu assinava o contrato com a editora. E o melhor de tudo é que hoje ainda não sei que magia tornou isso possível. Porque eu não tinha nem me proposto a escrever um livro sobre os geniotipos, já que sempre estive concentrado na pesquisa deste modelo.

Por isso o primeiro agradecimento é para a vida. Não tenho palavras. Há muito tempo percebi que o destino não tem lógica. Mesmo assim, no espaço de dois meses, entre o momento em que sequer existia o projeto do livro e a assinatura do contrato editorial, o universo se encarregou de confirmar isso escancaradamente: a lógica não existe.

E, como em todo conto de fadas, este tem três protagonistas principais.

Vamos começar por minha agente editorial, Sandra Bruna. Mil vezes obrigado por apostar e por confiar, mas, sobretudo, e como bom Triângulo com ascendente em Círculo, obrigado por seguir seu coração. Nunca vou me esquecer das lágrimas de emoção que derramei ao dirigir quando você me ligou para confirmar que o Grupo Planeta apostava em nós.

Então entra em cena minha editora, Rocío. Obrigado por dizer *sim*. Talvez você não saiba, mas essas três simples letras mudaram minha vida. Quando vejo os autores que publicaram com Diana, fico sem palavras. Por isso, posso dizer apenas: obrigado de coração.

Todo conto de fadas tem sua fada. E neste caso é uma fada masculina. Eu o conheci ao gravá-lo durante a conferência no congresso de meditação. Ele conta essa história melhor (e não podia ser de outra forma) no prefácio deste livro. Ao terminar, conversamos um pouco e perguntei a ele sua opinião sobre duas ideias que eu tinha.

— Sem dúvida aposte na do geniotipo — aconselhou-me ele. — Além disso, você acha que podemos tomar um chá um dia desses?

Surpreso, aceitei. Assim, na segunda vez na vida que vi minha fada masculina (porque não nos conhecíamos mais que aqueles dez minutos que tínhamos conversado depois da gravação), ele insistiu em continuar me surpreendendo. Entrou na casa de chá (Armando, obrigado pela sua paciência), me abraçou e se sentou à minha frente. Depois de me perguntar três ou quatro coisas, me disse:

— Se você quiser, posso intermediar para que uma grande agente literária aposte em você para publicar o livro sobre o geniotipo.

Eu, que procurava possíveis câmeras escondidas, porque não podia acreditar, disse:

— Está bem, mas o que eu tenho que fazer? Eu não sei nada sobre isso e ainda não comecei a escrever o livro.

Como boa fada, ele me tranquilizou e resolveu isso facilmente:

— Fique tranquilo, Tony, eu vou apoiá-lo em todo o processo.

Francesc Miralles, não tem nada que você não saiba e que eu já não tenha lhe dito. Comecei admirando-o, depois você se tornou meu professor, meu mentor, meu guia... Agora posso dizer que você continua sendo tudo isso, mas também meu querido amigo. Vamos continuar tocando violão em nosso grupo!

É difícil não esquecer de ninguém. Um livro é uma soma de muitas pequenas histórias que vão acontecendo na vida e que têm diferentes atores. Em meu caso, a primeira pessoa que me fez ver que talvez houvesse alguém que pudesse estar interessado em meu trabalho foi Abel Jazz. Obrigado, amigo! Em seguida chegam um por um os integrantes da minha equipe. Sem vocês, este projeto de vida não seria possível. Obrigado a todas e todos por se juntarem a mim e terem fé em mim, principalmente por seu carinho e por trazer luz a estas pesquisas que começaram observando o mais próximo, que é a família. A todos eles, irmãos, sobrinhos, cunhados e primos, obrigado por serem referência nesse processo. Obrigado a minha mãe por ter a carteirinha de mãe que ama seus filhos incondicionalmente. Você me mostrou as bases do geniotipo Círculo.

Dizem que filho é uma benção. Dois meses depois que minha filha nasceu, publiquei meu primeiro livro. E exatamente um ano depois assinei o contrato para publicar o segundo... Nahikari, filha, algum dia vou lhe contar isso, e como um brinquedo seu mudou a história. Mas isso fica entre nós dois... e a mamãe.

Sim, ela, a mãe da minha filha, o amor da minha vida, conhece toda a história. Ela foi a primeira a me dizer:

— Tony, não tenho dúvidas. Seu negócio é o geniotipo.

Cory, desde que você disse essas palavras até eu entregar este livro à editora para começar o processo de publicação, tivemos uma filha. E, enquanto escrevo estas linhas, faz 24 horas que dissemos o "Sim, aceito". Esta será nossa linda e eterna lembrança. Você já me entende. Amo você.

Namastê.

Bibliografia

Bolinches, A. *Amor al segundo intento*. Barcelona: Urano, 2019.

Carnegie, D. *Como fazer amigos e influenciar pessoas*. Rio de Janeiro: Sextante, 2019.

Cases, F.; Teller, S. *O cérebro das pessoas felizes: como superar a ansiedade com a ajuda da neurociência*. Rio de Janeiro: Rocco, 2023.

Csíkszentmihályi, M. *Flow: a psicologia do alto desempenho e da felicidade*. Rio de Janeiro: Objetiva, 2020.

Estruch, T. *Los secretos para dejar de sufrir*. Madri: Letrame, 2020.

García, H.; Miralles, F. *Ikigai: os segredos dos japoneses para uma vida longa e feliz*. Rio de Janeiro: Intrínseca, 2018.

Gilbert, E. *Comer, rezar, amar: a busca de uma mulher por todas as coisas da vida na Itália, na Índia e na Indonésia*. Rio de Janeiro: Objetiva, 2016.

Gladwell, M. *Fora de série — Outliers: descubra por que algumas pessoas têm sucesso e outras não*. Rio de Janeiro: Sextante, 2011.

Kiyosaki, R. *Pai rico, pai pobre: o que os ricos ensinam a seus filhos sobre dinheiro*. Rio de Janeiro: Alta Books, 2018.

Miller, A. *A morte de um caixeiro-viajante e outras 4 peças*. São Paulo: Companhia das Letras, 2009.

Redfield, J. *A profecia celestina: uma aventura da nova era*. São Paulo: Fontanar, 2009.

Robinson, K. *El Elemento*. Barcelona: Conecta, 2013.

Rosario, D. del. *El libro que tu cerebro no quiere leer*. Barcelona: Urano, 2019.

Sherma, R. S. *O monge que vendeu sua Ferrari*. São Paulo: Fontanar, 2011.

Tolle, E. *O poder do agora: um guia para a iluminação espiritual*. Rio de Janeiro: Sextante, 2000.

COM ESTE LIVRO, APRENDI QUE...

Direção editorial
Daniele Cajueiro

Editora responsável
Ana Carla Sousa

Produção editorial
Adriana Torres
Júlia Ribeiro
Mariana Oliveira

Revisão de tradução
Laiane Flores

Revisão
Carolina Leocadio

Diagramação
Henrique Diniz

Este livro foi impresso em 2024,
pela Vozes, para a Agir.